JAN-PHILIPP CLEUSTERS

KOCHEN FÜR FAULTIERE

IN 8 MINUTEN GESUND
UND FRISCH GEKOCHT

JAN-PHILIPP
CLEUSTERS

KOCHEN FÜR FAULTIERE

IN 8 MINUTEN
GESUND UND
FRISCH GEKOCHT

Brandstätter

GESTÄNDNISSE EINES FAULTIERS

HUHU, ICH BIN JAN!

Schon als Kind wusste ich, dass ich Koch werden will. Eigentlich ein unüblicher Beruf für Faultiere. Denn als Koch bin ich stets auf den Beinen, rühre in vielen Töpfen gleichzeitig und verbringe unzählige Stunden in der Küche. Zudem bin ich oft unterwegs, fliege nach Asien, fahre für Events durch Europa. Dennoch: Ich liebe meinen Beruf. Ich liebe es, zu kochen.

Das Faultier in mir kommt vor allem in meiner Freizeit zum Vorschein. Es wird von meinem Sofa magisch angezogen, genießt das Abhängen mit Freunden und denkt gar nicht daran, aufwendig zu kochen. Früher habe ich mich in meinen Faultiermomenten von dem ernährt, was es beim Bäcker, im Flugzeug oder an der Raststätte gab. Das war auf Dauer aber weder gut für meinen Körper, noch für meinen Geldbeutel.

Also begann ich nachzudenken: Wie viel Zeit kann und will ein Faultier in frisches, gesundes Essen investieren? Fünfzehn Minuten? Zu viel. Zehn Minuten? Immer noch zu lang. Die magische Zahl ist für mich die Acht. In acht Minuten ist so viel möglich. Man kann von Altenrhein in der Schweiz nach Friedrichshafen in Deutschland fliegen, ein kleines Fertighaus aufstellen – oder ein richtig gutes Essen zubereiten.

Wie schnell leckere und gesunde Faultier-Küche sein kann, zeige ich dir in diesem Buch. Jedes Gericht wird aus frischen Zutaten zubereitet und steht in maximal acht Minuten auf dem Tisch, inklusive Zubereitungs- und Kochzeit. Das Einzige, was an meinen Rezepten faul ist, ist der Koch. Versprochen!

Cheers, Jan

#kochenfuerfaultiere

14 FRÜHSTÜCK

16 Powerful Yogurt Breakfast

18 Healthy Bread Omelette

21 Pochiertes Ei mit Avocado und Tomate

22 Smooth Start Bowl

24 Filling Me Softly

27 Egg-cellent Morning

28 Apfel-Zimt-Porridge

30 Breakfast All-Inclusive

33 Superfruit-Bowl mit Granola

34 Pochiertes Ei à la Popeye

36 Pancakes to Impress

38 VEGETARISCH

40 Frische Salbei-Ravioli

42 Speedy Spaghettini

45 Peachy Burrata

46 Fenchel-Carpaccio mit Parmesan und Oliven

48 Avocado-Ziegenkäse-Bowl

50 VEGAN

52 Greenhorn Salad

54 Avocado-Cracker

57 Schaumige Zitronengras-Kokos-Suppe

58 Orient-Express

60 Prinz auf der Erbse

63 Tabouleh Rasa

64 Wild at Heart

66 FISCH

68 Prawn to Be Wild

70 Ingwer-Crevetten-Wok

73 Matjes mit Apfel und Schalotte

74 Re-lachsen im Grünen

76 Garnelen-Gemüse-Tagliatelle

79 „Mein lieber Scholli!"

92 FLEISCH

112 SÜSSES

130 DRINKS

80 Garnelen mit jungem Gemüse

82 Lachs mit Avocado und Miso-Dressing

85 Beschwipste Miesmuscheln

86 Lachsforelle mit Avocadosalsa

88 Garnelen-Zucchini-Pfanne

91 Couch-Potato-Räucherlachs

94 Steak Me Out!

96 Forest's Finest

99 Lammsteaks mit Bohnen-Stew

100 Juicy Chicken

102 Der Reigen der Lämmer

105 Die schnellste Bolognese aller Zeiten

106 Curry in a Hurry

108 Steak & Chips

111 Faultier-Flammkuchen

114 Würzige Ananas mit Koriander

116 Keep-Calm-Crêpes

119 Tropical Fruitboom

120 Cookie Dough

122 3-Minute Frozen Yogurt

125 Mandarinenquark

126 Bitter & Sweet

128 1001-Nacht-Grießbrei

132 Green Power Smoothie

134 Sloth Sling

137 Spicy Hot Chocolate

138 Red Velvet Smoothie

140 Granatapfel-Kombucha-Mimosa

143 Better Lemon

144 Himbeer-Floater

146 Faultiers Liebling

KOCHEN FÜR FAULTIERE IST DAS SCHNELLSTE UND EINFACHSTE KOCHBUCH ALLER ZEITEN.

DAS FAULTIER PRINZIP

Faultiere wollen die Welt erobern und dabei auf nichts verzichten – vor allem nicht aufs Faulenzen und Genießen. Das Faultier-Prinzip ist so clever wie sein tierisch entspannter Namensgeber und zeigt kurz und knapp, wie du in maximal acht Minuten leckere und gesunde Gerichte zubereitest.

FAULTIERTAUGLICHE ZUTATEN

Faultiere mögen's gesund und einfach. Frische, reif in der Region geerntete Zutaten schmecken von Natur aus so gut, dass sie in der Küche kaum Mühe machen. Mit essfertigen naturbelassenen Produkten wie vorgewaschenem Salat, gewürfeltem Speck und frischen vakuumverpackten Nudeln sparst du zusätzlich Zeit.

ABKÜRZUNGEN NEHMEN

Faultiere sind neugierige Kerlchen und lieben Tricks, die ihnen das Leben leichter machen. Folge einfach den Kochanleitungen, lies dir die praktischen Tipps zu den Rezepten (Faultier-Hacks ab S. 152) durch und deine neuen Lieblingsessen gelingen dir im Schlaf.

ABHÄNGEN STATT ABSTRAMPELN

Um faul zu sein, bedarf es wenig Ausrüstung. Statt Waage und Messbecher kommen Tassen, Löffel und deine Hände zum Einsatz. Such deine Zutaten und das angegebene Equipment vor dem Kochen zusammen und schaff dir ausreichend Arbeitsfläche. So hast du später alles griffbereit und ersparst dir unnötige Sprints durch die Küche.

ANPASSUNGSFÄHIG BLEIBEN

Keine Crème fraîche im Haus? Quark oder Schlagsahne tun's auch. Du magst keinen Koriander? Dann nimm Basilikum oder Petersilie. Spiel mit den Zutaten, die du zur Verfügung hast, und lass deiner Faultier-Phantasie freien Lauf – Variieren geht über Studieren!

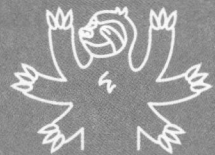

KLUG KOMBINIEREN

Faulsein und Multitasking – wirkt wie ein Widerspruch, macht aber faultiermäßig Sinn. Je mehr Schritte sich parallel in einer Minute kombinieren lassen, desto mehr Zeit bleibt für die wesentlichen Dinge im Leben: gemeinsames Genießen und das Nickerchen danach.

RUHE BEWAHREN

Ist dir aufgefallen, dass Faultiere immer ein gelassenes Lächeln auf den Lippen haben? Nimm dich selbst nicht zu ernst und kleine Ausrutscher ruhig mit Humor. Ärger über verschüttete Milch oder ungleichmäßig geschnittenes Gemüse kostet viel zu viel Energie – einfach im Faultier-Modus weiterkochen!

ICH SPÜRE DAS TIER IN MIR. ES IST EIN FAULTIER.

POWERFUL YOGURT BREAKFAST

HEALTHY BREAD OMELETTE

POCHIERTES EI MIT AVOCADO UND TOMATE

SMOOTH START BOWL

FILLING ME SOFTLY

EGG-CELLENT MORNING

APFEL-ZIMT-PORRIDGE

BREAKFAST ALL-INCLUSIVE

SUPERFRUIT-BOWL MIT GRANOLA

POCHIERTES EI À LA POPEYE

PANCAKES TO IMPRESS

FRÜHSTÜCK

POWERFUL YOGURT BREAKFAST

ZUTATEN FÜR 2 PERSONEN

1 Handvoll gemischte Beeren (z. B. Erdbeeren, Blaubeeren, Himbeeren, Johannisbeeren, Brombeeren) · Minze zum Garnieren · 1 EL Walnüsse · 1 EL Cashewkerne · 1 EL Mandeln · 1 EL Kokosflakes · 1 EL getrocknete Mango · 1 EL getrocknete Papaya · 1 EL getrocknete Cranberries · 1 großer Becher Naturjoghurt · 2 TL Kokosblütensirup

MIN.

1 Eine kleine Pfanne ohne Zugabe von Fett auf mittlerer Stufe erhitzen. Beeren in einem Sieb unter kaltem Wasser abbrausen und abtropfen lassen. Bei Bedarf putzen und in mundgerechte Stücke schneiden. Minze mit kaltem Wasser abbrausen, trocken tupfen und die Blätter von den Zweigen zupfen.

2 Walnüsse, Cashewkerne, Mandeln und Kokosflakes in der Pfanne unter gelegentlichem Wenden rundum goldbraun rösten. Anschließend auf einem Teller zum Auskühlen zur Seite stellen.

3 Mango und Papaya in mundgerechte Stücke schneiden und zusammen mit den Cranberries und den gerösteten Zutaten in ein verschließbares Glas geben. Mit geschlossenem Deckel kräftig schütteln, bis sich alle Bestandteile gut miteinander vermischt haben.

4 Joghurt in Gläser füllen, das soeben hergestellte Studentenfutter zugeben, mit Kokosblütensirup beträufeln und mit Beeren und Minzblättchen garnieren.

TIPP Hier kann jedes Trockenobst nach Belieben verwendet werden. Studentenfutter lässt sich ideal auf Vorrat produzieren und kann auch als Snack zwischendurch genossen werden. Immer verschlossen lagern, damit die Nüsse schön knackig bleiben! Trockenobst enthält jede Menge Vitamin B, was hauptverantwortlich für die Konzentration ist.

1 KLEINE PFANNE
1 SCHNEIDEBRETT
1 KOCHMESSER
1 TELLER
1 VERSCHLIESSBARES GLAS
1 ESSLÖFFEL
1 TEELÖFFEL
1 SIEB

HEALTHY BREAD OMELETTE

ZUTATEN FÜR 2 PERSONEN

2 Scheiben Roggenbrot · 2 EL Olivenöl · 1 kleine rote Paprika · 1 kleine grüne Paprika · Schnittlauch zum Garnieren · 6 Scheiben Frühstücksspeck · Meersalz · Pfeffer · 2 Eier · 1 Schuss Sahne · 4 EL geriebener Mozzarella, alternativ anderer Reibekäse · 1 Handvoll Wildkräutersalat, essfertig

MIN.

1 Brotscheiben etwa 1 cm innerhalb des Randes aushöhlen, ohne die Kruste zu beschädigen. Olivenöl in einer großen Pfanne auf mittlerer Stufe erhitzen. Paprika und Schnittlauch mit kaltem Wasser abbrausen und trocken tupfen.

2 Paprika entkernen und zusammen mit dem Frühstücksspeck in mundgerechte Stücke schneiden.

3 Paprika und Frühstücksspeck in die heiße Pfanne geben, wenige Sekunden rundum anbraten und mit Meersalz und Pfeffer würzen. Eier zusammen mit der Sahne in einer Schüssel verrühren und mit Meersalz und Pfeffer würzen.

4 Gemüse und Speck in der Pfanne aufteilen und so formen, dass die Masse in die ausgehöhlten Brotscheiben passt. Brotrahmen um die Füllung legen, verquirltes Ei langsam darübergießen.

5 Sobald das Ei gestockt ist, geriebenen Mozzarella über die Füllung streuen. Schnittlauch in feine Ringe schneiden.

6 Gefüllte Roggenbrote vorsichtig aus der Pfanne heben, auf Tellern anrichten und mit Wildkräutersalat und Schnittlauch garnieren.

TIPP Das Innere der Brotscheiben kann gewürfelt und in Butter goldbraun geröstet werden. Mit Salz bestreuen – fertig sind knusprige Croûtons für Salate.

1 GROSSE PFANNE
1 SCHNEIDEBRETT
1 KOCHMESSER
1 MITTELGROSSE SCHÜSSEL
1 ESSLÖFFEL
1 SCHNEEBESEN
1 PFANNENWENDER

POCHIERTES EI MIT AVOCADO UND TOMATE

ZUTATEN FÜR 2 PERSONEN

2 Eier · 6 EL Olivenöl · ½ Zitrone · Meersalz · Pfeffer · 1 Prise Zucker · 1 Schuss Essig ·
2 Tomaten · 1 Avocado · Kresse zum Garnieren · 2 Scheiben Knäckebrot

MIN.

1 4 Tassen (1 l) heißes Wasser in einem Wasserkocher aufsetzen. Eier vorsichtig einzeln in kleine Tassen oder Schüsseln schlagen.

2 Olivenöl und einige Spritzer Zitronensaft in ein verschließbares Glas geben, mit Meersalz, Pfeffer und Zucker würzen und mit geschlossenem Deckel zu einem Dressing schütteln.

3 Wasser aus dem Wasserkocher in einen kleinen Topf umfüllen und bei niedriger Hitze auf dem Herd bereitstellen, sodass sich das Wasser kurz vor dem Kochen befindet. Essig hinzufügen. Eier aus den Tassen vorsichtig ins Wasser gleiten lassen. Eiweißfäden mit einem Löffel behutsam um die Eier legen, sodass sie eine runde Form erhalten. Eier bis Minute 7 pochieren.

4 Tomaten mit kaltem Wasser abbrausen, trocken tupfen, vierteln, entkernen und das Fruchtfleisch in feine Würfel schneiden.

5 Avocado der Länge nach halbieren, entkernen und das Fruchtfleisch aus der Schale lösen. Avocadofruchtfleisch in feine Würfel schneiden.

6 Zunächst Tomatenwürfel in Gläser füllen. Als zweite Schicht Avocadowürfel hinzufügen und mit dem Dressing übergießen.

7 Kresse vom Beet schneiden, mit kaltem Wasser abbrausen und trocken tupfen. Eier mit einer Schaumkelle vorsichtig aus dem Wasser heben, gut abtropfen lassen und in die Gläser legen. Mit Kresse garnieren und mit Knäckebrot servieren.

1 KLEINER TOPF
1 SCHNEIDEBRETT
1 KOCHMESSER
2 TASSEN ODER
  KLEINE SCHÜSSELN
1 VERSCHLIESSBARES GLAS
1 ESSLÖFFEL
1 SCHAUMKELLE
1 WASSERKOCHER

SMOOTH START BOWL

FÜR EXTRA-FAULE

ZUTATEN FÜR 2 PERSONEN

1 EL Chiasamen · 2 Bananen · 1 Handvoll gefrorene Beeren (z. B. Erdbeeren, Blaubeeren, Himbeeren, Johannisbeeren, Brombeeren) · 1 großer Becher griechischer Joghurt · 1 Schuss Sahne · 2 EL Granola · 2 EL Studentenfutter (aus dem eigenen Vorrat, Rezept S.16, oder gekauft) · 1 EL flüssiger Honig

MIN.

1 Chiasamen mit etwas Wasser in einer Schüssel verrühren und bis Minute 4 quellen lassen. Bananen schälen.

2 1 Banane grob zerteilen, in einen Standmixer geben und zusammen mit der Hälfte der Beeren, dem Joghurt und der Sahne fein pürieren.

3 Smoothie in Bowls verteilen. Die zweite Banane in mundgerechte Stücke schneiden.

4 Bananenstücke, übrigen Beeren, gequollene Chiasamen, Granola, Studentenfutter und Honig als Topping auf dem Smoothie anrichten.

TIPP Das Topping kann ergänzt oder erweitert werden. Gut passen andere Obstsorten, Acaipulver oder frische Minze.

1 SCHNEIDEBRETT
1 KOCHMESSER
1 KLEINE SCHÜSSEL
1 ESSLÖFFEL
1 STANDMIXER

FILLING
ME SOFTLY

ZUTATEN FÜR 2 PERSONEN
2 EL Butter · 4 Eier · 1 Schuss Sahne · Meersalz · Pfeffer · 1 kleine Rolle Ziegenkäse, alternativ Ziegenfrischkäse · Kresse zum Garnieren · 2 Croissants · 1 Handvoll
Rucola, essfertig

MIN.

1 Butter in einer großen Pfanne bei mittlerer Hitze schmelzen. Eier zusammen mit der Sahne in einer Schüssel verrühren und mit Meersalz und
Pfeffer würzen.

2 Eimasse in die heiße Pfanne geben, kurz stocken lassen, dabei gelegentlich umrühren. Anschließend die Hitze reduzieren.

3 Ziegenkäse mit den Händen zerbröseln, zum Rührei geben und ohne
Rühren zerlaufen lassen. Kresse vom Beet schneiden, mit kaltem Wasser
abbrausen und trocken tupfen.

4 Croissants halbieren, jedoch nicht ganz durchschneiden. Mit Rucola und
Rührei füllen, mit Kresse garnieren.

1 GROßE PFANNE
1 MITTELGROßE SCHÜSSEL
1 KOCHMESSER
1 KOCHLÖFFEL
1 ESSLÖFFEL
1 SCHNEEBESEN

EGG-CELLENT
MORNING

FÜR EINKAUFS-FAULE

ZUTATEN FÜR 2 PERSONEN

1 rote Chilischote · 2 Frühlingszwiebeln · 4 Zweige Koriander · 8 EL Sonnenblumenöl · 4 Eier · je 1 TL weißer und schwarzer Sesam · 2 EL Austernsauce

MIN.

1 Chili, Frühlingszwiebeln und Koriander mit kaltem Wasser abbrausen
und trocken tupfen. Chili entkernen und in feine Ringe schneiden.
Jeweils die Hälfte des Sonnenblumenöls in zwei großen Pfannen auf
hoher Stufe erhitzen.

2 Frühlingszwiebeln vom dunklen Grün und trockenen Enden befreien
und schräg in feine Ringe schneiden. Chili und Frühlingszwiebeln in
einer Schüssel mischen, auf die zuvor erhitzen Pfannen aufteilen und
kurz rundum anbraten.

3 Je 2 Eier in die Pfannen schlagen und anbraten. Eine kleine Pfanne ohne
Zugabe von Fett auf mittlerer Stufe erhitzen und beide Sorten Sesam
darin wenige Sekunden rösten.

4 Eier, Frühlingszwiebeln und Chili aus den Pfannen heben, auf Tellern
anrichten, mit Sesam bestreuen und mit Koriander garnieren. Austernsauce zum Würzen dazu servieren.

2 GROSSE PFANNEN
1 KLEINE PFANNE
1 SCHNEIDEBRETT
1 KOCHMESSER
1 KLEINE SCHÜSSEL
1 ESSLÖFFEL
1 TEELÖFFEL
1 PFANNENWENDER

APFEL-ZIMT-PORRIDGE

ZUTATEN FÜR 2 PERSONEN

8 EL Haferflocken · 2 Tassen (½ l) Milch · 2 Äpfel (z. B. Granny Smith) · 2 TL gemahlener Zimt · 1 Prise Meersalz · 4 EL flüssiger Honig · 2 EL Pekannüsse

MIN.

1 Haferflocken und 1 ½ Tassen Milch in einem kleinen Topf bei hoher Hitze aufsetzen, gelegentlich rühren. Äpfel mit kaltem Wasser abbrausen, trocken tupfen, vierteln und anschließend das Kerngehäuse entfernen.

2 1 ½ Äpfel grob reiben. Übrige Apfelhälfte würfeln. Eine kleine Pfanne ohne Zugabe von Fett auf mittlerer Stufe erhitzen. Sobald das Porridge kocht, Hitze reduzieren und unter gelegentlichem Rühren köcheln lassen.

4 Geriebenen Apfel zusammen mit zwei Drittel des Zimts unter das Porridge rühren, Meersalz hinzufügen. Zwei Drittel des Honigs einlaufen lassen. Pekannüsse in der Pfanne für wenige Sekunden rundum goldbraun rösten.

5 Pekannüsse grob hacken. Porridge in Bowls verteilen, Apfelwürfel, Zimt, Honig und Pekannüsse darauf anrichten und die übrige Milch rund um das Porridge gießen.

1 KLEINE PFANNE
1 KLEINER TOPF
1 SCHNEIDEBRETT
1 KOCHMESSER
1 TASSE
1 KOCHLÖFFEL
1 ESSLÖFFEL
1 TEELÖFFEL
1 REIBE

BREAKFAST ALL-INCLUSIVE

ZUTATEN FÜR 2 PERSONEN
1 Schalotte · 1 EL Butter · 1 Tomate · 4 Eier · 1 Schuss Sahne · Meersalz · Pfeffer ·
2 Scheiben Vollkornbrot · 1 Avocado · ½ Zitrone · 3 EL geriebener Gouda · Kresse
zum Garnieren · Schnittlauch zum Garnieren

MIN.

1 Schalotte schälen und in feine Würfel schneiden.

2 Butter bei mittlerer Hitze in einer großen Pfanne schmelzen. Tomate mit kaltem Wasser abbrausen, trocken tupfen und in Würfel schneiden.

3 Zunächst die Schalotte in die Pfanne geben und wenige Sekunden anrösten. Anschließend die Tomatenwürfel zugeben und kurz mitbraten. Eier zusammen mit der Sahne in einer Schüssel verrühren und mit Meersalz und Pfeffer würzen.

4 Die Eimasse zu den Schalotten und Tomaten in die Pfanne geben, die Hitze reduzieren und unter gelegentlichem Rühren bis Minute 6 stocken lassen. Vollkornbrot im Toaster rösten.

5 Avocado der Länge nach halbieren, entkernen und das Fruchtfleisch aus der Schale lösen. Avocadofruchtfleisch in Scheiben schneiden, mit Zitronensaft marinieren und mit Meersalz und Pfeffer würzen.

6 Käse über das Ei streuen und schmelzen lassen. Kresse vom Beet schneiden, mit kaltem Wasser abbrausen und trocken tupfen. Schnittlauch ebenfalls abbrausen und trocken tupfen, anschließend in Ringe schneiden.

7 Rührei auf den Broten anrichten. Avocadoscheiben darauflegen und mit Kresse und Schnittlauch garnieren.

1 GROßE PFANNE
1 SCHNEIDEBRETT
1 KOCHMESSER
1 MITTELGROßE SCHÜSSEL
1 KOCHLÖFFEL
1 ESSLÖFFEL
1 SCHNEEBESEN
1 TOASTER

SUPERFRUIT-BOWL MIT GRANOLA

ZUTATEN FÜR 2 PERSONEN

1 Handvoll Blaubeeren · 1 Handvoll Himbeeren · Minze zum Garnieren · 1 Kiwi ·
2 Bananen · 1 großer Becher griechischer Joghurt · 8 EL Granola · 2 EL Ahornsirup

MIN.

1 Blaubeeren und Himbeeren in einem Sieb mit kaltem
Wasser abbrausen und abtropfen lassen. Minze mit
kaltem Wasser abbrausen, trocken tupfen und die
Blätter von den Zweigen zupfen.

2 Kiwi und Bananen schälen. Kiwi in mundgerechte
Würfel schneiden, Bananen der Länge nach halbieren.

3 Joghurt in Bowls verteilen und mit Granola bestreu-
en. Bananenhälften, Blaubeeren, Himbeeren und
Kiwiwürfel auf das Granola legen, mit Ahornsirup
beträufeln und mit Minze garnieren.

1 SCHNEIDEBRETT
1 KOCHMESSER
1 ESSLÖFFEL
1 SIEB

POCHIERTES EI À LA POPEYE

ZUTATEN FÜR 2 PERSONEN
2 Eier · 1 Schalotte · 1 Schuss Essig · 1 EL Butter · 2 Handvoll Babyspinat,
essfertig · Kresse zum Garnieren · Meersalz · Pfeffer · Muskatnuss ·
Chiliflocken zum Garnieren

MIN.

1 4 Tassen (1 l) heißes Wasser in einem Wasserkocher aufsetzen. Eier vorsichtig einzeln in kleine Tassen oder Schüsseln schlagen.

2 Schalotte schälen und in feine Würfel schneiden.

3 Wasser aus dem Wasserkocher in einen kleinen Topf umfüllen und bei niedriger Hitze auf dem Herd bereitstellen, sodass sich das Wasser kurz vor dem Kochen befindet. Essig hinzufügen. Eier aus den Tassen vorsichtig ins Wasser gleiten lassen. Eiweißfäden mit einem Löffel behutsam um die Eier legen, sodass sie eine runde Form erhalten. Eier bis Minute 7 pochieren.

4 Butter in einem mittelgroßen Topf bei mittlerer Hitze schmelzen und die Schalottenwürfel darin rundum anbraten.

5 Spinat zu den Schalotten in den Topf geben, die Hitze reduzieren und den Spinat zusammenfallen lassen. Kresse vom Beet schneiden, mit kaltem Wasser abbrausen und trocken tupfen.

6 Spinat mit Meersalz, Pfeffer und Muskat würzen und auf Tellern anrichten.

7 Eier mit einer Schaumkelle vorsichtig aus dem Wasser heben, gut abtropfen lassen und mittig auf den Spinat setzen. Mit Kresse und Chiliflocken garnieren.

1 MITTELGROßER TOPF
1 KLEINER TOPF
1 SCHNEIDEBRETT
1 KOCHMESSER
2 TASSEN ODER
  KLEINE SCHÜSSELN
1 KOCHLÖFFEL
1 ESSLÖFFEL
1 SCHAUMKELLE
1 WASSERKOCHER

PANCAKES TO IMPRESS

ZUTATEN FÜR 2 PERSONEN

1 Handvoll frische oder tiefgekühlte Himbeeren · 1 Vanilleschote · 4 EL Haferflocken · 1 EL Rapsöl · 2 Eier · 1 EL Zucker · ½ TL Backpulver · Minze zum Garnieren · 2 EL Naturjoghurt · 1 EL flüssiger Honig · Puderzucker zum Bestäuben

MIN.

1 Falls tiefgekühlte Himbeeren verwendet werden: Himbeeren in einem Sieb mit heißem Wasser übergießen, anschließend abtropfen lassen. Frische Himbeeren in einem Sieb mit kaltem Wasser abbrausen und abtropfen lassen. Vanilleschote der Länge nach halbieren und das Mark mit einem Messerrücken auskratzen.

2 Für den Teig Haferflocken in einem hohen Mixbecher mit einem Pürierstab zu feinem Mehl verarbeiten. Rapsöl in einer großen Pfanne auf mittlerer Stufe erhitzen.

3 Haferflockenmehl, Eier, Zucker, Backpulver und Vanillemark in einer Schüssel mit einem Schneebesen zu einem luftigen Teig verarbeiten.

4 Je Pancake etwa 2 EL Teig in die Pfanne geben und goldbraun backen.

5 Pancakes wenden und auch von der zweiten Seite goldbraun backen. Minze mit kaltem Wasser abbrausen, trocken tupfen und die Blätter von den Zweigen zupfen.

6 Himbeeren zusammen mit Joghurt und Honig in einer Schüssel vermengen.

7 Pancakes mit dem Himbeerjoghurt auf Tellern anrichten, mit Puderzucker bestäuben und mit Minzblättchen garnieren.

1 GROßE PFANNE
1 SCHNEIDEBRETT
1 KOCHMESSER
2 MITTELGROßE SCHÜSSELN
1 HOHER MIXBECHER
1 ESSLÖFFEL
1 TEELÖFFEL
1 SCHNEEBESEN
1 PFANNENWENDER
1 PÜRIERSTAB
1 FEINES SIEB
1 SIEB

FRISCHE SALBEI-RAVIOLI

SPEEDY SPAGHETTINI

PEACHY BURRATA

FENCHEL-CARPACCIO MIT PARMESAN UND OLIVEN

AVOCADO-ZIEGENKÄSE-BOWL

VEGETARISCH

FRISCHE SALBEI-RAVIOLI

ZUTATEN FÜR 2 PERSONEN

6 Zweige Salbei · 1 daumengroßes Stück Trüffelparmesan, alternativ anderer Trüffelkäse oder Trüffelöl · Meersalz · 2 Handvoll frische Ravioli (Füllung nach Wahl, z. B. Ricotta, Spinat, getrocknete Tomaten, Schafskäse) · 4 EL Butter · Pfeffer · 1 Handvoll Wildkräutersalat, essfertig

MIN.

1 6 Tassen (1 ½ l) heißes Wasser in einem Wasserkocher aufsetzen. Salbei mit kaltem Wasser abbrausen und trocken tupfen.

2 Trüffelparmesan reiben.

3 Wasser aus dem Wasserkocher in einen mittelgroßen Topf umfüllen, salzen und die Ravioli bis Minute 5 bei hoher Temperatur bissfest garen (Packungsangabe beachten). Butter bei mittlerer Hitze in einer großen Pfanne schmelzen.

4 Salbei zur flüssigen Butter geben. Bei niedriger Hitze ziehen lassen.

5 Ravioli in ein Sieb abgießen und abtropfen lassen. Pasta zur Salbeibutter geben und mehrmals kräftig durchschwenken.

6 Einen Großteil des Parmesans unter die Pasta heben. Mit Meersalz und Pfeffer würzen. Salbei-Ravioli mit dem übrigen Trüffelparmesan bestreuen und mit Wildkräutersalat garnieren.

1 MITTELGROßER TOPF
1 GROßE PFANNE
1 TASSE
1 KOCHLÖFFEL
1 ESSLÖFFEL
1 REIBE
1 SIEB
1 WASSERKOCHER

SPEEDY SPAGHETTINI

ZUTATEN FÜR 2 PERSONEN

2 Tassen (½ l) Gemüsefond · 1 Tasse (¼ l) passierte Tomaten · 1 EL rotes Pesto (gekauft oder aus dem eigenen Vorrat) · 1 kleine Dose Kichererbsen · Basilikum zum Garnieren · 1 Handvoll Kirschtomaten · 1 daumengroßes Stück Parmesan · Meersalz · 1 TL Sambal Oelek · 2 Handvoll frische Spaghettini · Pfeffer · 1 Handvoll Babyspinat, essfertig · Olivenöl zum Beträufeln

MIN.

1 Gemüsefond, passierte Tomaten und Pesto in einem mittelgroßen Topf bei hoher Hitze aufsetzen und abgedeckt bis Minute 4 erwärmen. Kichererbsen in ein Sieb abgießen, mit kaltem Wasser abspülen und abtropfen lassen.

2 Basilikum und Kirschtomaten mit kaltem Wasser abbrausen und trocken tupfen. Basilikumblätter von den Zweigen zupfen.

3 Kirschtomaten halbieren. Parmesan grob reiben.

4 Flüssigkeit im Topf salzen, anschließend Sambal Oelek und Spaghettini zugeben und warm ziehen lassen.

5 Kichererbsen zu den Spaghettini geben und nach Geschmack mit weiterem Meersalz und Pfeffer würzen.

6 Kirschtomaten und Babyspinat unterheben und zusammenfallen lassen.

7 Spaghettini und Gemüse in Bowls anrichten. Mit Olivenöl beträufeln, mit Parmesan bestreuen und mit Basilikum garnieren.

1 MITTELGROßER TOPF
1 SCHNEIDEBRETT
1 KOCHMESSER
1 TASSE
1 KOCHLÖFFEL
1 ESSLÖFFEL
1 TEELÖFFEL
1 REIBE
1 SIEB

PEACHY BURRATA

ZUTATEN FÜR 2 PERSONEN

2 EL Butter · 2 EL Zucker sowie Zucker zum Abschmecken des Dressings · 2 Pfirsiche · ½ Tasse (⅛ l) Roséwein · 1 Msp. Chiliflocken · 4 EL Pinienkerne · 3 EL Olivenöl · 1 EL Balsamicoessig · 1 TL grobkörniger Senf · Meersalz · Pfeffer · ½ Zitrone · 2 Handvoll Wildkräutersalat, essfertig · 2 Kugeln Burrata · Parmesan zum Darüberreiben

MIN.

1 Butter in einer großen Pfanne bei mittlerer Hitze schmelzen, anschließend 2 EL Zucker zugeben und unter Rühren goldbraun karamellisieren lassen (bei Bedarf etwas Wasser hinzugeben, damit der Karamell nicht verbrennt).

2 Pfirsiche mit kaltem Wasser abbrausen, trocken tupfen, halbieren, entkernen und in mundgerechte Spalten schneiden. Anschließend zum Karamell geben. Eine kleine Pfanne ohne Zugabe von Fett auf mittlerer Stufe erhitzen.

3 Pfirsiche mit Roséwein ablöschen, Chiliflocken zugeben und die Flüssigkeit bis Minute 5 sirupartig einkochen lassen. Pinienkerne in die kleine Pfanne geben und unter gelegentlichem Wenden rundum goldbraun rösten. Anschließend auf einem Teller auskühlen lassen.

4 Olivenöl, Balsamicoessig und Senf in ein verschließbares Glas geben, mit Meersalz, Pfeffer, Zitronensaft und Zucker würzen und mit geschlossenem Deckel zu einem Dressing schütteln. Wildkräutersalat in einer Schüssel mit dem Dressing marinieren.

5 Salat in Bowls anrichten. Burrata darauf platzieren, Pfirsichspalten außen herum legen und mit Pinienkernen bestreuen. Zum Schluss Parmesan darüberreiben.

1 GROßE PFANNE
1 KLEINE PFANNE
1 SCHNEIDEBRETT
1 KOCHMESSER
1 TELLER
1 MITTELGROßE SCHÜSSEL
1 TASSE
1 VERSCHLIEßBARES GLAS
1 KOCHLÖFFEL
1 ESSLÖFFEL
1 TEELÖFFEL
1 REIBE

FENCHEL-CARPACCIO MIT PARMESAN UND OLIVEN

FÜR EINKAUFS-FAULE

ZUTATEN FÜR 2 PERSONEN

1 Zitrone · 1 TL schwarze Oliventapenade · 6 EL Olivenöl · Meersalz · Pfeffer · 1 kleine Fenchelknolle · 8 grüne Oliven ohne Stein · 2 daumendicke Stücke Parmesan

MIN.

1 Zitrone halbieren und den Saft einer halben Frucht in ein verschließbares Glas pressen. Tapenade und Olivenöl zugeben, mit Meersalz und Pfeffer würzen und mit geschlossenem Deckel zu einem Dressing schütteln. Zweite Zitronenhälfte in Scheiben schneiden.

2 Fenchel mit kaltem Wasser abbrausen, trocken tupfen, halbieren, vom Strunk befreien und sehr fein hobeln. Fenchelgrün für die Garnitur zur Seite legen. Oliven nach Belieben halbieren.

3 Fenchelhobel auf Tellern anrichten. Parmesan grob darüberreiben und das Carpaccio mit den Oliven belegen. Anschließend mit dem Dressing übergießen und mit Fenchelgrün und Zitronenscheiben garnieren.

1 SCHNEIDEBRETT
1 KOCHMESSER
1 VERSCHLIESSBARES GLAS
1 ESSLÖFFEL
1 TEELÖFFEL
1 REIBE

AVOCADO-ZIEGENKÄSE-BOWL

ZUTATEN FÜR 2 PERSONEN
4 EL Olivenöl · 1 rote Zwiebel · 1 kleine Rolle Ziegenkäse (nach Geschmack natur, in Asche oder mit Kräutern und Blüten) · 1 unbehandelte Zitrone · 1 Avocado · 1 kleine Mango · 1 Apfel (Granny Smith) · 1 kleine grüne Chilischote · Meersalz · Pfeffer · 2 Handvoll Wildkräutersalat oder Salatmix, essfertig

MIN.

1 1 EL Olivenöl in einer kleinen Pfanne auf mittlerer Stufe erhitzen. Zwiebel schälen und in sehr feine Ringe schneiden.

2 Zwiebelringe in die Pfanne geben und im heißen Öl unter Rühren wenige Sekunden rundum anrösten, anschließend vom Herd nehmen und zur Seite stellen. Ziegenkäse in fingerbreite Scheiben schneiden.

3 Zitrone mit heißem Wasser abbrausen, trocken tupfen, die gelbe Schale abreiben und zur Seite legen. Frucht halbieren und den Saft in ein verschließbares Glas pressen.

4 Avocado der Länge nach halbieren, entkernen und das Fruchtfleisch aus der Schale lösen. Avocadofruchtfleisch in Scheiben schneiden und mit etwas Zitronensaft beträufeln.

5 Mango schälen, das Fruchtfleisch vom Stein herunterschneiden und in hauchdünne Scheiben schneiden.

6 Apfel mit kaltem Wasser abbrausen, trocken tupfen, vierteln, entkernen und ebenfalls in hauchdünne Scheiben schneiden.

7 Chilischote mit kaltem Wasser abbrausen, trocken tupfen, entkernen und in feine Ringe schneiden. Übriges Olivenöl, Zitronenabrieb und Chili zum Zitronensaft in das Glas geben. Mit Meersalz und Pfeffer würzen und mit geschlossenem Deckel zu einem Dressing schütteln.

8 Avocado, Mango, Apfel, Zwiebel, Ziegenkäse und Salat in Bowls anrichten und mit dem Dressing beträufeln.

1 KLEINE PFANNE
1 SCHNEIDEBRETT
1 KOCHMESSER
1 VERSCHLIESSBARES GLAS
1 KOCHLÖFFEL
1 ESSLÖFFEL
1 SPARSCHÄLER
1 REIBE

GREENHORN SALAD

AVOCADO-CRACKER

SCHAUMIGE ZITRONENGRAS-KOKOS-SUPPE

ORIENT-EXPRESS

PRINZ AUF DER ERBSE

TABOULEH RASA

WILD AT HEART

VEGAN

GREENHORN SALAD

ZUTATEN FÜR 2 PERSONEN

1 kleine Dose Edamame, ersatzweise Sojabohnen · 2 EL Olivenöl · 1 EL Weißweinessig ·
4 EL veganes Rucolapesto (gekauft oder aus dem eigenen Vorrat) · Meersalz · Pfeffer ·
3 EL Pinienkerne · ½ Granatapfel · 2 Handvoll Rucola, essfertig · ½ Zitrone

MIN.

1 Eine kleine Pfanne ohne Zugabe von Fett auf mittlerer Stufe erhitzen. Edamame in ein Sieb abgießen, mit kaltem Wasser abspülen und abtropfen lassen. Olivenöl, Weißweinessig und Rucolapesto in ein verschließbares Glas geben, mit Meersalz und Pfeffer würzen und mit geschlossenem Deckel zu einem Dressing schütteln.

2 Pinienkerne unter gelegentlichem Wenden in der Pfanne goldbraun rösten, anschließend herausnehmen und auf einem Teller auskühlen lassen.

3 Granatapfelhälfte aufbrechen und die Kerne auslösen.

4 Edamame, Rucola, Granatapfel- und Pinienkerne in eine Schüssel geben, das Dressing nach und nach unter den Salat heben.

5 1 Zitronenscheibe für die Garnitur abschneiden und diese halbieren. Salat mit Zitronensaft abschmecken, gegebenenfalls erneut mit Meersalz und Pfeffer würzen. Auf Tellern oder in Schüsseln anrichten und mit Zitronenscheiben garnieren.

TIPP In Folie gewickelt hält sich die zweite Granatapfelhälfte im Kühlschrank einige Tage. Sie kann für die Rezepte auf S.128 und 140 verwendet werden.

1 KLEINE PFANNE
1 MITTELGROßE SCHÜSSEL
1 TELLER
1 VERSCHLIEßBARES GLAS
1 KOCHLÖFFEL
1 ESSLÖFFEL
1 SIEB

AVOCADO-CRACKER

FÜR ABWASCH-FAULE

ZUTATEN FÜR 2 PERSONEN

1 Avocado · ¼ Zitrone · ¼ Apfel (z. B. Granny Smith) · 1 Schalotte · 1 daumendickes Stück Ingwer · 1 EL Olivenöl · Meersalz · Pfeffer · 1 Prise Zucker · 1 kleine rote Chilischote · 2 Scheiben Vollkornknäckebrot

MIN.

1 Avocado der Länge nach halbieren, entkernen und das Fruchtfleisch aus der Schale lösen. Avocadofruchtfleisch in sehr feine Würfel schneiden und in eine Schüssel geben. Mit Zitronensaft beträufeln.

2 Apfelviertel schälen, entkernen und ebenfalls in sehr feine Würfel schneiden. Anschließend zur Avocado in die Schüssel geben.

3 Schalotte und Ingwer schälen und beides sehr fein würfeln.

4 Schalotte, Ingwer und Olivenöl vorsichtig unter die Avocado-Apfel-Masse heben. Mit Meersalz und Pfeffer würzen und mit Zucker abschmecken. Chilischote mit kaltem Wasser abbrausen, trocken tupfen, entkernen und in feine Ringe schneiden.

5 Avocadomasse gleichmäßig auf den Brotscheiben verteilen, mit Chili garnieren und sofort servieren.

1 SCHNEIDEBRETT
1 KOCHMESSER
1 MITTELGROßE SCHÜSSEL
1 ESSLÖFFEL
1 SPARSCHÄLER

SCHAUMIGE ZITRONENGRAS-KOKOS-SUPPE

ZUTATEN FÜR 2 PERSONEN

1 Dose (400 ml) Kokosmilch · 2 Tassen (½ l) Gemüsefond · 1 EL Pflanzenöl (z. B. Sonnenblumenöl, Rapsöl) ·
2 Schalotten · 1 daumendickes Stück Ingwer · 4 Stängel Zitronengras · 1 kleine rote Chilischote · 1 Limette ·
1 Schuss Weißwein · Meersalz · Pfeffer · Koriander zum Garnieren

MIN.

1 Kokosmilch und Fond in einem kleinen Topf abgedeckt bei hoher Hitze aufsetzen und bis Minute 6 erwärmen, dabei darauf achten, dass die Mischung nicht überkocht (Hitze bei Bedarf reduzieren). Öl in einem mittelgroßen Topf auf hoher Stufe erhitzen.

2 Schalotten schälen, in grobe Würfel schneiden und in das heiße Öl geben.

3 Ingwer schälen und fein würfeln. Zitronengrasstängel am dickeren Ende mit einem Messerrücken andrücken und zusammen mit dem Ingwer zu den Schalotten in den Topf geben. Bei mittlerer Hitze unter gelegentlichem Rühren bis Minute 5 rundum goldbraun braten.

4 Chilischote mit kaltem Wasser abbrausen, trocken tupfen, entkernen und in feine Ringe schneiden.

5 Limette halbieren und den Saft einer halben Frucht in den Topf pressen. Schalotten und Gewürze mit Weißwein ablöschen und kurz einkochen lassen. Zitronengras herausnehmen.

6 Fond und Kokosmilch angießen und die Suppe mit dem Pürierstab fein pürieren. Mit Meersalz und Pfeffer würzen und einmal kräftig aufkochen lassen.

7 Zweite Limettenhälfte in Scheiben schneiden. Koriander mit kaltem Wasser abbrausen, trocken tupfen und die Blätter von den Zweigen zupfen.

8 Suppe in Suppentellern anrichten und mit Chiliringen, Limettenscheiben und Koriander garnieren.

1 MITTELGROSSER TOPF
1 KLEINER TOPF
1 SCHNEIDEBRETT
1 KOCHMESSER
1 TASSE
1 KOCHLÖFFEL
1 ESSLÖFFEL
1 PÜRIERSTAB

ORIENT-EXPRESS

ZUTATEN FÜR 2 PERSONEN

2 Orangen · je 6 grüne und schwarze Oliven ohne Stein · 2 TL Rosa Beeren · Meersalz · 2 Zweige Kerbel · 2 EL Olivenöl · ½ TL gemahlener Zimt · Zimtstangen zum Garnieren

MIN.

1 Enden der Orangen abschneiden. Früchte mit einem Messer vorsichtig schälen, dabei die weiße Haut vollständig entfernen.

2 Orangen in dünne Scheiben schneiden und auf einen großen Teller legen.

3 Oliven nach Belieben halbieren und auf den Orangen anrichten. Rosa Beeren grob hacken und zusammen mit etwas Meersalz über die Orangen streuen.

4 Kerbel mit kaltem Wasser abbrausen, trocken tupfen und die Blätter von den Zweigen zupfen. Kerbel über den Salat streuen. Olivenöl und Zimt in ein verschließbares Glas geben und mit geschlossenem Deckel zu einem Dressing schütteln.

5 Salat mit dem Dressing beträufeln und mit Zimtstangen garnieren.

1 SCHNEIDEBRETT
1 KOCHMESSER
1 VERSCHLIESSBARES GLAS
1 ESSLÖFFEL
1 TEELÖFFEL

PRINZ AUF DER ERBSE

ZUTATEN FÜR 2 PERSONEN

½ Handvoll Zuckerschoten · 6–8 Babykarotten · 2 Schalotten · 1 Knoblauchzehe · 1 EL Rapsöl · Meersalz · 2 EL Zucker · 1 Handvoll tiefgekühlte Dicke Bohnen · ½ Handvoll tiefgekühlte Erbsen · je 4 Zweige Estragon, Kerbel und Basilikum · 2 Zweige Minze · 1 Zitrone · 3 EL Olivenöl · 1 TL Kokosblütensirup · 1 EL grobkörniger Senf · Pfeffer

<u>MIN.</u>

1 6 Tassen (1 ½ l) heißes Wasser in einem Wasserkocher aufsetzen. Zuckerschoten mit kaltem Wasser abbrausen, trocken tupfen und schräg halbieren. Babykarotten unter kaltem Wasser gründlich abbürsten und trocken tupfen.

2 Schalotten und Knoblauch schälen und fein würfeln.

3 Rapsöl in einer großen Pfanne auf mittlerer Stufe erhitzen. Wasser aus dem Wasserkocher in einen kleinen Topf umfüllen, salzen und zuckern. Zuckerschoten, Bohnen und Erbsen in den Topf geben und bei hoher Temperatur bis Minute 6 garen.

4 Schalotten im heißen Öl anbraten. Babykarotten zugeben, ebenfalls anbraten und bis Minute 8 garen.

5 Kräuter mit kaltem Wasser abbrausen, trocken tupfen und die Blätter von den Zweigen zupfen.

6 Bohnen, Erbsen und Zuckerschoten in ein Sieb abgießen und mit kaltem Wasser abschrecken, um den Garprozess zu stoppen. Abtropfen lassen und zu den Karotten in die Pfanne geben.

7 Zitrone halbieren und den Saft in ein verschließbares Glas pressen. Olivenöl, Kokosblütensirup und Senf hinzufügen, mit Meersalz und Pfeffer würzen und mit geschlossenem Deckel zu einem Dressing schütteln.

8 Gemüse in eine Schüssel geben. Mit dem Dressing marinieren, mit Salz und Pfeffer abschmecken und die Kräuter unterheben. Salat in Bowls oder tiefen Tellern anrichten.

1 KLEINER TOPF
1 GROßE PFANNE
1 SCHNEIDEBRETT
1 KOCHMESSER
1 MITTELGROßE
  SCHÜSSEL
1 TASSE
1 VERSCHLIEßBARES GLAS
1 KOCHLÖFFEL
1 ESSLÖFFEL
1 TEELÖFFEL
1 BÜRSTE
1 SIEB
1 WASSERKOCHER

TABOULEH RASA

ZUTATEN FÜR 2 PERSONEN

5–6 EL sehr feiner Bulgur · Meersalz · 4 Zweige glatte Petersilie · 1 Zweig Minze ·
1 rote Chilischote · 1 kleine rote Paprika · 3 bunte Tomaten · 1 Frühlingszwiebel ·
1 Zitrone · 2–3 EL Olivenöl · Pfeffer

MIN.

1 1 Tasse (¼ l) heißes Wasser in einem Wasserkocher aufsetzen. Bulgur in einem Sieb unter kaltem Wasser abbrausen und abtropfen lassen.

2 Wasser aus dem Wasserkocher in einen kleinen Topf umfüllen. Bulgur und etwas Salz zugeben und abgedeckt bei niedriger Hitze bis Minute 7 köcheln lassen. Kräuter, Chili und Gemüse mit kaltem Wasser abbrausen und trocken tupfen.

3 Kräuterblätter von den Zweigen zupfen, fein hacken und in eine Schüssel geben.

4 Paprika und Chili entkernen. Chili sehr fein hacken und zu den Kräutern geben.

5 Tomaten und Paprika fein würfeln und in die Schüssel geben.

6 Frühlingszwiebel vom dunklen Grün und trockenen Enden befreien und in feine Ringe schneiden. Ebenfalls in die Schüssel geben. Zitrone halbieren, 2 dünne Scheiben für die Garnierung abschneiden und zur Seite legen, den Saft der Frucht in die Schüssel pressen.

7 Bulgur vom Herd nehmen und im geschlossenen Topf ausdampfen lassen. Olivenöl unter das Gemüse rühren. Mit Meersalz und Pfeffer würzen.

8 Bulgur unter das Gemüse heben und nochmals abschmecken. Salat auf Tellern anrichten und mit Zitronenscheiben garnieren.

TIPP Dieser Salat schmeckt auch gut als Beilage zu Fleisch oder Fisch.

1 KLEINER TOPF
1 SCHNEIDEBRETT
1 KOCHMESSER
1 MITTELGROßE SCHÜSSEL
1 TASSE
1 ESSLÖFFEL
1 FEINES SIEB
1 WASSERKOCHER

WILD AT HEART

FÜR EXTRA-FAULE

ZUTATEN FÜR 2 PERSONEN

1 kleine Dose Kichererbsen · 1 Mini-Gurke · 1 Handvoll Kirschtomaten · 5 Zweige glatte Petersilie · 2 Handvoll Wildkräutersalat oder Salatmix, essfertig · ½ Zitrone · 2 EL Olivenöl · Meersalz · Pfeffer · essbare Blüten zum Garnieren

MIN.

1 Kichererbsen in ein Sieb abgießen, mit kaltem Wasser abspülen, abtropfen lassen und in eine Schüssel geben. Mini-Gurke, Kirschtomaten und Petersilie mit kaltem Wasser abbrausen und trocken tupfen.

2 Gurke und Tomaten in mundgerechte Stücke schneiden und zu den Kichererbsen geben.

3 Petersilienblätter von den Zweigen zupfen, grob hacken und mit dem Salat in die Schüssel geben.

4 Zitronensaft über den Salat pressen und mit dem Olivenöl unterheben, mit Meersalz und Pfeffer würzen. Salat in Bowls oder tiefen Tellern anrichten und mit essbaren Blüten garnieren.

1 SCHNEIDEBRETT
1 KOCHMESSER
1 MITTELGROßE SCHÜSSEL
1 ESSLÖFFEL
1 SIEB

PRAWN TO BE WILD

INGWER-CREVETTEN-WOK

MATJES MIT APFEL UND SCHALOTTE

RE-LACHSEN IM GRÜNEN

GARNELEN-GEMÜSE-TAGLIATELLE

„MEIN LIEBER SCHOLLI!"

GARNELEN MIT JUNGEM GEMÜSE

LACHS MIT AVOCADO UND MISO-DRESSING

BESCHWIPSTE MIESMUSCHELN

LACHSFORELLE MIT AVOCADOSALSA

GARNELEN-ZUCCHINI-PFANNE

COUCH-POTATO-RÄUCHERLACHS

FISCH

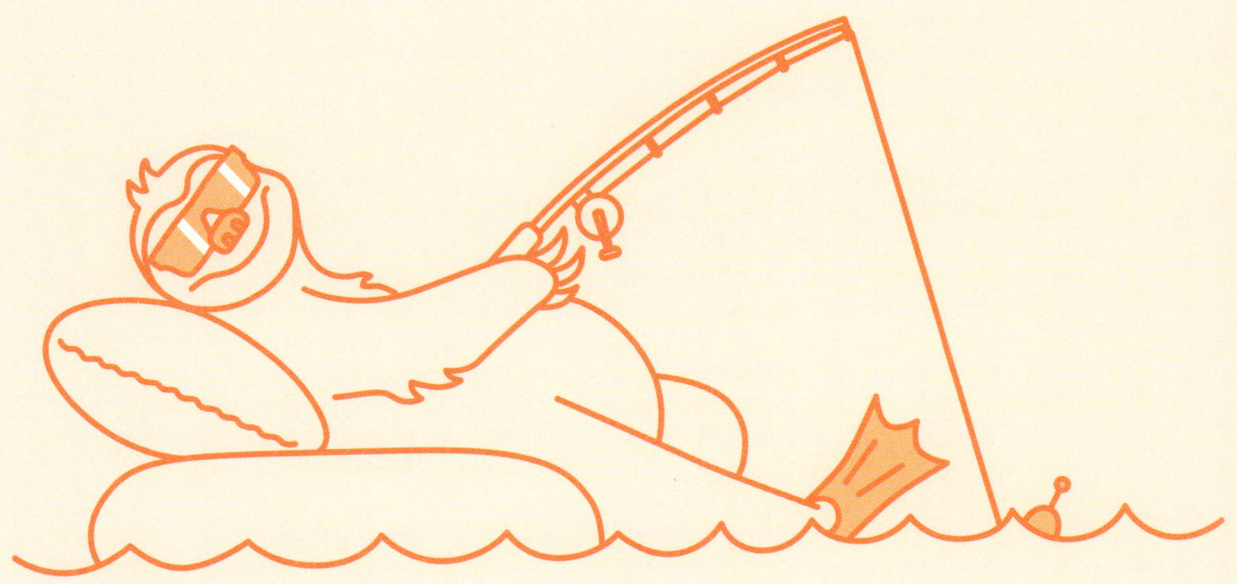

PRAWN TO BE WILD

ZUTATEN FÜR 2 PERSONEN

8 Zweige Koriander · 1 kleine rote Chilischote · 2 Frühlingszwiebeln · 2 unbehandelte Limetten ·
Meersalz · 1 Handvoll Reisnudeln (ca. ½ Strang) · 2 EL Rapsöl · 1 Handvoll Garnelen (z. B. Black Tiger) in
der Schale, küchenfertig · ½ Handvoll Sojasprossen, essfertig · 2 EL brauner Zucker · 1 EL Fischsauce ·
Pfeffer · 2 Eier · 1 EL Erdnüsse, geröstet und gesalzen

MIN.

1 6 Tassen (1 ½ l) heißes Wasser in einem Wasserkocher aufsetzen. Koriander, Chilischote und Frühlingszwiebeln mit kaltem Wasser abbrausen und trocken tupfen. Korianderblätter von den Zweigen zupfen.

2 Chilischote entkernen und in grobe Stücke schneiden. Limetten mit heißem Wasser abbrausen, trocken tupfen und die dunkelgrüne Schale abreiben.

3 Wasser aus dem Wasserkocher in einen mittelgroßen Topf umfüllen, salzen und die Reisnudeln darin bis Minute 5 bei hoher Temperatur sehr bissfest garen (Packungsangabe beachten). Rapsöl in einer großen Pfanne auf hoher Stufe erhitzen. Chili, Limettenschale und Koriander in einem Mörser zu einer dunkelgrünen Paste zerstoßen.

4 Frühlingszwiebeln vom dunklen Grün und trockenen Enden befreien und schräg in dünne Scheiben schneiden. Grüne Paste in die heiße Pfanne geben und wenige Sekunden rundum anbraten. Dabei permanent rühren, damit die Paste ihr Aroma behält. Nach und nach Garnelen, Sojasprossen und Frühlingszwiebeln (etwas für Garnitur zurückstellen) zugeben und rundum anbraten.

5 Reisnudeln in ein Sieb abgießen, mit kaltem Wasser abschrecken und abtropfen lassen. Reisnudeln, braunen Zucker und Fischsauce in die Pfanne geben, gut verrühren und mit Meersalz und Pfeffer würzen. 1 Limette halbieren und den Pfanneninhalt mit Limettensaft abschmecken.

6 Eier in einer Schüssel verrühren und mit Meersalz und Pfeffer würzen. Anschließend in die Pfanne gießen und vorsichtig unter die anderen Zutaten heben, bis das Ei zu stocken beginnt.

7 Erdnüsse grob hacken. Reisnudeln, Gemüse und Garnelen in Bowls anrichten und mit Frühlingszwiebeln und Erdnüssen garnieren.

1 MITTELGROSSER TOPF	1 ESSLÖFFEL
1 GROSSE PFANNE	1 SCHNEEBESEN
1 SCHNEIDEBRETT	1 MÖRSER
1 KOCHMESSER	1 REIBE
1 KLEINE SCHÜSSEL	1 SIEB
1 TASSE	1 WASSERKOCHER
1 KOCHLÖFFEL	

INGWER-CREVETTEN-WOK

ZUTATEN FÜR 2 PERSONEN
½ Handvoll Zuckerschoten · ½ Handvoll Babymais · 1 Pak Choi · 2 Mini-Paprika ·
4 Zweige Koriander · 1 EL Kokosöl · 2 Karotten · 1 Handvoll vorgekochte Crevetten ·
Meersalz · Pfeffer · ½ Handvoll Sojasprossen, essfertig · 1 EL kandierter Ingwer oder
Sushi-Ingwer · 2 EL helle Sojasauce

MIN.

1 Gemüse (bis auf die Karotten) und Koriander mit kaltem Wasser abbrausen und trocken tupfen. Zuckerschoten und Mais schräg halbieren. Pak-Choi-Blätter vom Strunk lösen.

2 Kokosöl in einem Wok oder einer tiefen Pfanne auf hoher Stufe erhitzen. Karotten schälen und in mundgerechte Stücke schneiden.

3 Crevetten in den Wok geben und unter gelegentlichem Rühren anbraten. Paprika entkernen und ebenfalls in mundgerechte Stücke schneiden.

4 Crevetten mit Meersalz und Pfeffer würzen, anschließend aus dem Wok nehmen und in einer Schüssel zur Seite stellen. Gemüse und Sojasprossen in den Wok geben und bis Minute 6 unter gelegentlichem Rühren anbraten.

5 Ingwer fein würfeln. Korianderblätter von den Zweigen zupfen und grob hacken.

6 Gemüse mit Meersalz und Pfeffer würzen, Crevetten und Ingwer zugeben. Mit Sojasauce ablöschen.

7 Flüssigkeit etwas einkochen lassen und bei Bedarf mit weiterem Meersalz und Pfeffer würzen.

8 Ingwer-Crevetten-Wok in Bowls oder tiefen Tellern anrichten und mit Koriander bestreuen.

TIPP

Crevetten ist der französische Begriff für Garnelen. Wenn sie tatsächlich aus Frankreich stammen, sind sie zumeist etwas kleiner als Black Tiger Garnelen und deshalb für dieses Gericht ideal.

1 WOK ODER TIEFE PFANNE
1 SCHEIDEBRETT
1 KOCHMESSER
1 MITTELGROSSE SCHÜSSEL
1 KOCHLÖFFEL
1 ESSLÖFFEL
1 SPARSCHÄLER

MATJES MIT APFEL UND SCHALOTTE

ZUTATEN FÜR 2 PERSONEN

2 Zweige Koriander · 4 EL Olivenöl · 2 EL Weißweinessig · 1 TL flüssiger Honig ·
Meersalz · Pfeffer · 2 Schalotten · 1 Zitrone · 1 kleiner Apfel (z. B. Rubinette) ·
2 Matjesfilets · eingekochte Preiselbeeren zum Garnieren (gekauft oder aus
dem eigenen Vorrat)

__MIN.__

1 Koriander mit kaltem Wasser abbrausen und trocken tupfen. Korianderblätter von den Zweigen zupfen, grob hacken und mit Olivenöl, Weißweinessig und Honig in ein verschließbares Glas geben. Mit Meersalz
und Pfeffer würzen und mit geschlossenem Deckel zu einem Dressing
schütteln.

2 Schalotten schälen, in feine Scheiben schneiden und in eine Schüssel
geben.

3 Zitrone halbieren. Apfel schälen, vierteln, entkernen und in feine Scheiben
scheiden. Apfelspalten sofort mit dem Saft einer halben Zitrone beträufeln
und ebenfalls in die Schüssel geben.

4 Dressing nach und nach unter die Schalotten- und Apfelscheiben heben. Gegebenenfalls erneut mit Meersalz und Pfeffer würzen und mit
weiterem Zitronensaft abschmecken.

5 Matjesfilets mit Küchenpapier trocken tupfen und nach Belieben in
Stücke schneiden oder ganz lassen.

6 Apfel-Schalotten-Salat und Matjes auf Tellern anrichten und mit
Preiselbeeren garnieren.

1 MITTELGROßE SCHÜSSEL
1 SCHNEIDEBRETT
1 KOCHMESSER
1 VERSCHLIEßBARES GLAS
1 ESSLÖFFEL
1 TEELÖFFEL
1 SPARSCHÄLER

TIPP Hervorragend dazu passen dunkles Baguette
und Meerrettich.

RE-LACHSEN IM GRÜNEN

ZUTATEN FÜR 2 PERSONEN

2 Frühlingszwiebeln · 4 Zweige Koriander · 1 kleine rote Chilischote · Meersalz · Zucker · 1 Handvoll tiefgekühlte Erbsen · 1 unbehandelte Limette · 1 Orange · 1 TL flüssiger Honig · 8 EL Rapsöl · 2 Lachsfilets · 2 EL Olivenöl · Pfeffer · ½ Handvoll Sojasprossen, essfertig · 2 EL Butter · 1 Knoblauchzehe

MIN.

1 2 Tassen (½ l) heißes Wasser in einem Wasserkocher aufsetzen. Frühlingszwiebeln, Koriander und Chili mit kaltem Wasser abbrausen und trocken tupfen. Korianderblätter von den Zweigen zupfen und grob hacken.

2 Frühlingszwiebeln vom dunklen Grün und trockenen Enden befreien und schräg in feine Ringe schneiden. Chilischote entkernen und in feine Ringe schneiden.

3 Wasser aus dem Wasserkocher in einen kleinen Topf umfüllen, kräftig salzen und leicht zuckern. Erbsen in den Topf geben und bis Minute 5 bei mittlerer Hitze garen. Limette mit heißem Wasser abbrausen, trocken tupfen, die dunkelgrüne Schale abreiben und zur Seite legen.

4 Limette und Orange halbieren und den Saft in eine Schüssel pressen. Honig zugeben und Rapsöl in dünnem Strahl einschlagen. Frühlingszwiebeln, Koriander und Chili unter das Dressing heben. Eine große Pfanne ohne Zugabe von Fett auf hoher Stufe erhitzen.

5 Lachsfilets mit kaltem Wasser abbrausen, trocken tupfen, beidseitig mit Olivenöl bepinseln und mit Meersalz und Pfeffer würzen. Lachsfilets zunächst auf der Hautseite bis Minute 7 kross anbraten. Erbsen in ein Sieb abgießen und mit kaltem Wasser abschrecken, um den Garprozess zu stoppen.

6 Erbsen und Sojasprossen zum Dressing in die Schüssel geben. Mit Meersalz und Pfeffer würzen und mit Zucker abschmecken.

7 Lachsfilets wenden und die Hitze auf die mittlere Stufe reduzieren. Butter hinzufügen. Knoblauch ungeschält mit der Hand oder der flachen Seite eines Messers andrücken und in die Pfanne zum Lachs geben. Fischhaut mit geschmolzener Butter benetzen.

8 Gemüse mittig auf Tellern anrichten, Lachsfilets darauflegen und mit Limettenschale garnieren.

1 KLEINER TOPF 1 ESSLÖFFEL
1 GROßE PFANNE 1 SCHNEEBESEN
1 SCHEIDEBRETT 1 PINSEL
1 KOCHMESSER 1 PFANNENWENDER
1 MITTELGROßE 1 REIBE
  SCHÜSSEL 1 SIEB
1 TASSE 1 WASSERKOCHER

GARNELEN-GEMÜSE-TAGLIATELLE

ZUTATEN FÜR 2 PERSONEN

1 kleine Fenchelknolle · 2 Frühlingszwiebeln · Koriander zum Garnieren · Meersalz ·
2 Handvoll frische Tagliatelle · 2 EL Olivenöl · 1 Karotte · 1 Handvoll Garnelen (z. B.
Black Tiger) in der Schale, küchenfertig · Pfeffer · ½ Zitrone

MIN.

1 6 Tassen (1 ½ l) heißes Wasser in einem Wasserkocher aufsetzen. Fenchel, Frühlingszwiebeln und Koriander mit kaltem Wasser abbrausen und trocken tupfen.

2 Fenchel halbieren, vom Strunk befreien und in feine Streifen schneiden. Fenchelgrün für die Garnitur zur Seite legen.

3 Wasser aus dem Wasserkocher in einen mittelgroßen Topf umfüllen, salzen und die frische Pasta bis Minute 5 bei hoher Temperatur sehr bissfest garen (Packungsangabe beachten). Olivenöl in einer großen Pfanne auf hoher Stufe erhitzen. Karotte schälen und grob reiben.

4 Garnelen in die heiße Pfanne geben und wenige Sekunden rundum goldbraun anbraten. Hitze reduzieren, Fenchel und Karotten zugeben und anbraten. Frühlingszwiebeln vom dunklen Grün und trockenen Enden befreien und schräg in feine Ringe schneiden.

5 Frühlingszwiebeln in die Pfanne geben und ebenfalls kurz anbraten. Pasta abgießen und in einem Sieb abtropfen lassen.

6 Pasta in die Pfanne zu den Garnelen und dem Gemüse geben und mehrmals kräftig durchschwenken oder rühren. Korianderblätter von den Zweigen zupfen.

7 Garnelen-Pasta mit Meersalz und Pfeffer würzen und mit Zitronensaft abschmecken. Anschließend auf tiefen Tellern anrichten und mit Fenchelgrün und Korianderblättern garnieren.

1 MITTELGROßER TOPF
1 GROßE PFANNE
1 SCHNEIDEBRETT
1 KOCHMESSER
1 TASSE
1 KOCHLÖFFEL
1 ESSLÖFFEL
1 SPARSCHÄLER
1 REIBE
1 SIEB
1 WASSERKOCHER

„MEIN LIEBER SCHOLLI!"

FÜR EINKAUFS-FAULE

ZUTATEN FÜR 2 PERSONEN

1 kleine Dose grüne Linsen · 5 EL Butter · 2 Schollenfilets · Meersalz ·
Pfeffer · 6 EL Mehl · 1 EL Olivenöl · 1 Handvoll grüner Spargel · 1 Zitrone

MIN.

1 Linsen in ein Sieb abgießen, mit kaltem Wasser abspülen und abtropfen lassen. 2 EL Butter in einer großen Pfanne bei mittlerer Hitze schmelzen. Schollenfilets mit kaltem Wasser abbrausen, trocken tupfen und mit Meersalz und Pfeffer würzen.

2 Mehl auf einem Teller verteilen, Fisch darin wenden, überschüssiges Mehl abklopfen. Olivenöl zur Butter in die Pfanne geben und die Schollenfilets darin bis Minute 4 von einer Seite goldbraun anbraten. Spargel mit kaltem Wasser abbrausen, trocken tupfen und die trockenen Enden abschneiden.

3 Unteren Teil der Spargelstangen schälen. Zitrone in Spalten schneiden.

4 Scholle wenden, die Hitze etwas reduzieren und den Spargel um den Fisch verteilt in die Pfanne geben. Mit Meersalz und Pfeffer würzen, mit etwas Zitronensaft abschmecken und unter gelegentlichem Schwenken bis Minute 7 garen.

5 Übrige Butter in einer weiteren Pfanne bei höherer Hitze schmelzen, bis sie zu schäumen beginnt und goldbraun wird. Mit Meersalz und Pfeffer würzen, mit etwas Zitronensaft ablöschen.

6 Linsen zur Butter geben, gut umrühren und warm ziehen lassen.

7 Linsen mit Scholle und Spargel auf Tellern anrichten und mit den übrigen Zitronenspalten garnieren.

TIPP Wenn es keinen Spargel gibt, schmeckt auch Babyspinat.

2 GROßE PFANNEN
1 SCHNEIDEBRETT
1 KOCHMESSER
1 TELLER
1 KOCHLÖFFEL
1 ESSLÖFFEL
1 PFANNENWENDER
1 SPARSCHÄLER
1 SIEB

GARNELEN MIT JUNGEM GEMÜSE

ZUTATEN FÜR 2 PERSONEN

1 daumendickes Stück Ingwer · 2 Knoblauchzehen · 1 Handvoll Garnelen (z. B. Black Tiger) ohne Schale, küchenfertig · 6 EL Olivenöl · ½ Limette · Meersalz · Pfeffer · 1 EL flüssiger Honig · 1 rote Paprika · 1 Handvoll grüner Spargel · 4 Zweige Koriander

MIN.

1 Eine große Pfanne ohne Zugabe von Fett auf hoher Stufe erhitzen. Ingwer und Knoblauch schälen und fein würfeln.

2 Garnelen in einer Schüssel mit 3 EL Olivenöl, dem gesamten Ingwer, der Hälfte des Knoblauchs und etwas Limettensaft marinieren. Mit Meersalz und Pfeffer würzen. Garnelen in der heißen Pfanne für wenige Sekunden rundum goldbraun braten.

3 Honig zugeben und die Garnelen kurz karamellisieren, anschließend gut umrühren und die Hitze reduzieren. Paprika und Spargel mit kaltem Wasser abbrausen und trocken tupfen. Paprika entkernen und in feine Spalten schneiden. Eine weitere Pfanne mit dem übrigen Olivenöl auf hoher Stufe erhitzen.

4 Garnelen vom Herd nehmen. Trockene Enden vom Spargel abschneiden, unteren Teil der Stangen schälen. Spargelstangen halbieren und zusammen mit der Paprika und dem übrigen Knoblauch in der zweiten Pfanne rundum anbraten.

5 Koriander mit kaltem Wasser abbrausen, trocken tupfen, die Blätter von den Zweigen zupfen. Korianderblätter und Garnelen zum Gemüse geben, untermischen und kurz garen lassen.

6 Garnelen und Gemüse einmal durchschwenken, anschließend in Bowls oder tiefen Tellern anrichten.

TIPP Hier kannst du flexibel sein und Gemüse nach Wahl verwenden. Ich bevorzuge regionale, saisonale Produkte; sie schmecken einfach besser und sind meist kostengünstiger.

2 GROSSE PFANNEN
1 SCHNEIDEBRETT
1 KOCHMESSER
1 MITTELGROSSE SCHÜSSEL
1 KOCHLÖFFEL
1 ESSLÖFFEL
1 SPARSCHÄLER

LACHS MIT AVOCADO UND MISO-DRESSING

ZUTATEN FÜR 2 PERSONEN

1 unbehandelte Limette · 4 Zweige Koriander · 1 Knoblauchzehe · 1 daumendickes Stück Ingwer ·
½ TL helle Misopaste · 1 TL Zucker · 1 EL Reisweinessig · 3 EL Sonnenblumenöl · Meersalz · Pfeffer ·
1 handflächengroßes Stück Lachsfilet (Sashimi-Qualität) · 1 Avocado · je 1 TL weißer und schwarzer
Sesam · ½ Handvoll Rucola, essfertig

MIN.

1 Limette mit heißem Wasser abbrausen, trocken tupfen, die dunkelgrüne Schale abreiben und in ein verschließbares Glas geben. Koriander
mit kaltem Wasser abbrausen und trocken tupfen. Korianderblätter von
den Zweigen zupfen und zur Seite legen.

2 Knoblauch und Ingwer schälen, beides sehr fein würfeln und mit Miso,
Zucker, Reisweinessig und Sonnenblumenöl in das Glas zur Limettenschale
geben. Mit Meersalz und Pfeffer würzen und mit geschlossenem Deckel zu
einem Dressing schütteln.

3 Lachs mit kaltem Wasser abbrausen und trocken tupfen. Anschließend
in dünne Scheiben schneiden und flach auf Teller legen. Eine kleine
Pfanne ohne Zugabe von Fett auf mittlerer Stufe erhitzen.

4 Avocado der Länge nach halbieren, entkernen und das Fruchtfleisch
aus der Schale lösen. Avocadofruchtfleisch in Scheiben schneiden und
auf dem Lachs anrichten.

5 Sesam in der heißen Pfanne für wenige Sekunden anrösten, anschließend
vom Herd nehmen. Rucola und Korianderblätter auf den Lachs- und
Avocadoscheiben anrichten. Mit Sesam bestreuen und mit Dressing
beträufeln.

1 KLEINE PFANNE
1 SCHNEIDEBRETT
1 KOCHMESSER
1 VERSCHLIESSBARES GLAS
1 ESSLÖFFEL
1 TEELÖFFEL
1 REIBE

BESCHWIPSTE MIESMUSCHELN

ZUTATEN FÜR 2 PERSONEN

4 Handvoll Miesmuscheln, geputzt · 2 EL Butter · 5 Scheiben Chorizo · 1 Schalotte · 2 Knoblauchzehen · ½ TL Chiliflocken · Meersalz · Pfeffer · 1 Tasse (¼ l) Cidre · 4 Zweige glatte Petersilie · ½ Tasse (⅛ l) Sahne

MIN.

1 Miesmuscheln in einem Sieb unter kaltem Wasser abbrausen und abtropfen lassen. Butter in einem großen Topf bei mittlerer Hitze schmelzen.

2 Chorizo in grobe Würfel schneiden, zur Butter geben und kurz rundum goldbraun anbraten. Schalotte und Knoblauchzehen schälen.

3 Schalotte und Knoblauch in feine Würfel schneiden und mit den Chiliflocken in den Topf geben. Mit Meersalz und Pfeffer würzen und gut umrühren.

4 Topfinhalt mit Cidre ablöschen, anschließend Miesmuscheln zugeben und den Topf mit einem Deckel fest verschließen. Flüssigkeit bei hoher Hitze aufkochen lassen und die Muscheln im eigenen Dampf bis Minute 7 garen, bis sie sich öffnen. Den geschlossenen Topf gelegentlich vorsichtig rütteln, sodass sich die Miesmuscheln gleichmäßig darin verteilen.

5 Petersilie mit kaltem Wasser abbrausen, trocken tupfen, Blätter von den Zweigen zupfen und fein hacken.

7 Hitze des Herds reduzieren, Sahne in die Muschelflüssigkeit einrühren und gegebenenfalls erneut mit Meersalz und Pfeffer würzen. Petersilie zugeben.

8 Miesmuscheln und Fond in tiefen Tellern anrichten.

TIPP Miesmuscheln sollten vor der Zubereitung grundsätzlich fest verschlossen sein, offene Muscheln unbedingt sofort entsorgen. Wenn sie nur minimal geöffnet sind, leicht auf die Arbeitsfläche klopfen, dann schließen sie sich in den meisten Fällen wieder und können verzehrt werden. Andernfalls auch diese Muscheln entsorgen.

TIPP Zu den Muscheln passt dunkles Baguette zum Dippen.

1 GROßER TOPF
1 SCHNEIDEBRETT
1 KOCHMESSER
1 TASSE
1 KOCHLÖFFEL
1 ESSLÖFFEL
1 TEELÖFFEL
1 SIEB

LACHSFORELLE MIT AVOCADOSALSA

ZUTATEN FÜR 2 PERSONEN

2 Lachsforellenfilets · 1 unbehandelte Limette · 6 EL Olivenöl · Meersalz · Pfeffer ·
1 Avocado · 1 rote Chilischote · 4 Zweige Koriander · 2 Zweige Thymian · 1 Schalotte ·
1 Knoblauchzehe · 4 EL Butter

MIN.

1 Lachsforellenfilets mit kaltem Wasser abbrausen, trocken tupfen und auf einen Teller legen. Limette mit heißem Wasser abbrausen, trocken tupfen, die dunkelgrüne Schale einer halben Frucht abreiben und zur Seite legen. Limette halbieren, den Saft einer Hälfte über den Fisch pressen. 4 EL Olivenöl, Meersalz und Pfeffer zum Fisch geben und die Filets bis Minute 4 marinieren.

2 Avocado der Länge nach halbieren, entkernen und das Fruchtfleisch aus der Schale lösen. Avocadofruchtfleisch in feine Würfel schneiden und in eine Schüssel geben.

3 Saft der zweiten Limettenhälfte gemeinsam mit der abgeriebenen Schale zur Avocado geben. Eine große Pfanne ohne Zugabe von Fett auf hoher Stufe erhitzen. Chili, Koriander und Thymian mit kaltem Wasser abbrausen und trocken tupfen.

4 Chili entkernen und in feine Ringe schneiden. Korianderblätter von den Zweigen zupfen und fein hacken. Beides mit dem übrigen Olivenöl zu den Avocadowürfeln geben. Lachsforellenfilets quer halbieren, mit der Hautseite nach unten in die heiße Pfanne legen und bis Minute 6 kross anbraten.

5 Schalotte schälen, in feine Würfel schneiden und unter die Avocadosalsa rühren. Mit Meersalz und Pfeffer würzen. Knoblauchzehe mit der Hand oder der flachen Seite eines Messers andrücken.

6 Lachsforellenfilets wenden, Butter, Thymian und Knoblauch zugeben. Die Hitze reduzieren und den Fisch mit geschmolzener Butter benetzen.

7 Salsa auf Tellern verteilen und die Lachsforellenfilets darauf anrichten.

1 GROßE PFANNE
1 SCHNEIDEBRETT
1 KOCHMESSER
1 TELLER
1 MITTELGROßE SCHÜSSEL
1 ESSLÖFFEL
1 PFANNENWENDER
1 REIBE

GARNELEN-ZUCCHINI-PFANNE

FÜR ABWASCH-FAULE

ZUTATEN FÜR 2 PERSONEN

2 EL Olivenöl · 1 Handvoll Garnelen (z. B. Black Tiger) ohne Schale, küchenfertig · 2 Zweige Thymian · 1 Knoblauchzehe · 1 kleine Zucchini · 1 rote Paprika · 1 gelbe Paprika · 1 kleine rote Chilischote · Meersalz · Pfeffer

MIN.

1 1 EL Olivenöl in einer großen Pfanne auf hoher Stufe erhitzen. Garnelen und Thymian mit kaltem Wasser abbrausen, trocken tupfen und in die heiße Pfanne geben.

2 Knoblauch schälen, fein würfeln und in die Pfanne geben. Garnelen mehrmals wenden, bis sie eine gleichmäßig orange Farbe angenommen haben. Anschließend die Hitze etwas reduzieren.

3 Zucchini, Paprika und Chili mit kaltem Wasser abbrausen und trocken tupfen. Paprika entkernen.

4 Zucchini und Paprikaschoten in daumenbreite Rauten schneiden.

5 Gemüse zusammen mit 1 EL Olivenöl zu den Garnelen in die Pfanne geben, anbraten und unter Rühren bei mittlerer Hitze garen.

6 Chili entkernen, in feine Ringe schneiden und in die Pfanne geben. Mit Meersalz und Pfeffer würzen und kurz durchziehen lassen.

7 Garnelen und Gemüse auf Tellern anrichten und servieren.

TIPP Wer mag, kann auch eine ganze Knoblauchknolle halbieren und auf der Schnittfläche in der Pfanne anbraten. Der so entstehende Knoblauchgeschmack ist milder, als wenn die Zehe gehackt und mitgegessen wird.

1 GROSSE PFANNE
1 SCHNEIDEBRETT
1 KOCHMESSER
1 KOCHLÖFFEL
1 ESSLÖFFEL

COUCH-POTATO-RÄUCHERLACHS

ZUTATEN FÜR 2 PERSONEN

1 große Karotte · 3–4 mittelgroße Kartoffeln · Meersalz · Pfeffer · Muskatnuss · 2 EL Naturjoghurt · 1 EL Crème fraîche · ½ TL Currypulver · 1 unbehandelte Zitrone · je 2 Zweige Dill und Oregano · 2–3 EL Rapsöl · 1 Ei · 3–4 Scheiben Räucherlachs

MIN.

1 Karotte und Kartoffeln schälen und grob reiben. Gemüseraspel in eine mittelgroße Schüssel geben, mit Meersalz, Pfeffer und Muskatnuss würzen, anschließend zur Seite stellen.

3 Joghurt, Crème fraîche und Currypulver in einer kleinen Schüssel verrühren. Zitrone mit heißem Wasser abbrausen, trocken tupfen, die gelbe Schale einer halben Frucht abreiben und zur Creme geben. Einige Zitronenscheiben für die Garnitur abschneiden.

4 Kräuter mit kaltem Wasser abbrausen, trocken tupfen und die Blätter von den Zweigen zupfen. Kräuter zur Creme geben (etwas für die Garnitur zurückhalten), gut untermengen und mit Meersalz und Pfeffer würzen. Rapsöl in einer großen Pfanne auf mittlerer Stufe erhitzen.

5 Karotten-Kartoffel-Masse in ein Geschirrtuch geben und gut ausdrücken. Die überschüssige Flüssigkeit aus der Schüssel abgießen, die abgesetzte Stärke jedoch zurückhalten. Gemüse zum Stärkeansatz in die Schüssel geben. Ei trennen und das Eigelb unter die Karotten-Kartoffel-Masse rühren.

6 Handflächengroße Taler aus der Röstimasse formen, in die heiße Pfanne legen und bis Minute 8 goldbraun braten, nach der Hälfte der Zeit wenden.

8 Rösti zusammen mit Räucherlachs und Currycreme auf Tellern anrichten und mit den übrigen Kräutern und Zitronenscheiben garnieren.

1 GROSSE PFANNE
1 SCHNEIDEBRETT
1 MITTELGROSSE SCHÜSSEL
1 KLEINE SCHÜSSEL
1 ESSLÖFFEL
1 TEELÖFFEL
1 SCHNEEBESEN
1 PFANNENWENDER
1 SPARSCHÄLER
1 REIBE
1 GESCHIRRTUCH

STEAK ME OUT!

FOREST'S FINEST

LAMMSTEAKS MIT BOHNEN-STEW

JUICY CHICKEN

DER REIGEN DER LÄMMER

DIE SCHNELLSTE BOLOGNESE ALLER ZEITEN

CURRY IN A HURRY

STEAK & CHIPS

FAULTIER-FLAMMKUCHEN

FLEISCH

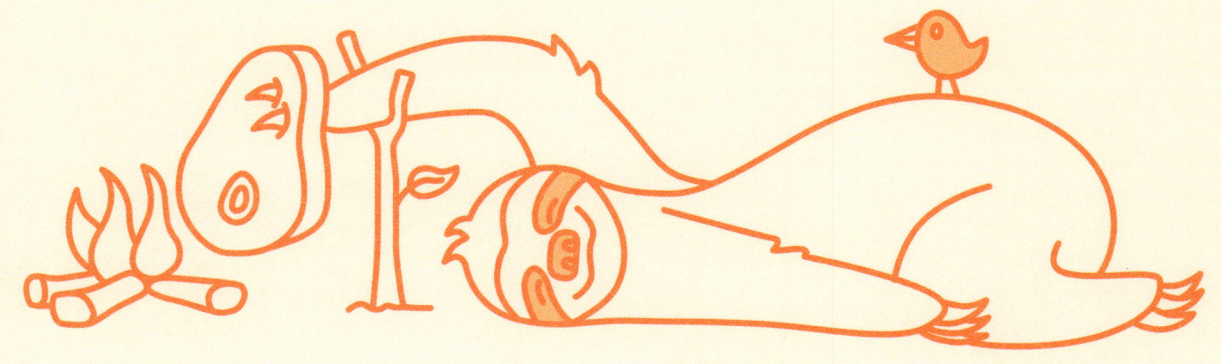

STEAK ME OUT!

ZUTATEN FÜR 2 PERSONEN

2 kleine Römersalate · 4 Frühlingszwiebeln · 2 Zweige Rosmarin · 4 Zweige glatte Petersilie · 2 Zweige Oregano · 1 EL Balsamicoessig · 8 EL Olivenöl · Meersalz · Pfeffer · 2 Minutensteaks (z. B. Rib-Eye) · 1 Schalotte · 2 TL Rotweinessig · 1 Msp. Pimentón de la Vera (geräuchertes Paprikapulver) · 2 EL eingelegte Kirschtomaten · Parmesan zum Darüberhobeln

MIN.

1 Römersalat, Frühlingszwiebeln und Kräuter mit kaltem Wasser abbrausen und trocken tupfen. Rosmarinnadeln von den Zweigen zupfen, sehr fein hacken und in eine kleine Schüssel geben.

2 Eine große Pfanne ohne Zugabe von Fett auf mittlerer Stufe erhitzen. Balsamicoessig und 3 EL Olivenöl zum Rosmarin in die Schüssel geben, zu einer Marinade verrühren und mit Meersalz und Pfeffer würzen. Salat der Länge nach halbieren, die Strünke entfernen. Frühlingszwiebeln vom dunklen Grün und trockenen Enden befreien und zuerst längs, anschließend quer halbieren.

3 Salat und Frühlingszwiebeln rundum mit der Marinade bepinseln. Mariniertes Gemüse in die heiße Pfanne geben und rundum bis Minute 8 braten. Eine weitere Pfanne ohne Zugabe von Fett auf hoher Stufe erhitzen.

4 Minutensteaks trocken tupfen, mit der Marinade einreiben, in die zweite Pfanne geben und von beiden Seiten scharf anbraten, bis eine gleichmäßige Bräunung erkennbar ist. Hitze reduzieren und das Fleisch bis Minute 7 medium-rare garen. Nach der Hälfte der Zeit wenden.

5 Schalotte schälen und in grobe Stücke schneiden. Petersilien- und Oreganoblätter von den Zweigen zupfen.

6 Schalotte und Kräuter zusammen dem übrigen Olivenöl, Rotweinessig, Paprikapulver, Meersalz und Pfeffer in einen hohen Mixbecher oder eine Schüssel geben. Alles mit einem Pürierstab zu einem feinen Dressing verarbeiten.

7 Fleisch aus der Pfanne nehmen und quer in breite Streifen schneiden.

8 Gemüse und Steak auf Tellern anrichten. Eingelegte Kirschtomaten dazugeben, Dressing über das Gericht träufeln und Parmesan darüberhobeln.

TIPP Das Dressing passt zu jedem gegrillten Fleisch!

2 GROSSE PFANNEN
1 SCHNEIDEBRETT
1 KOCHMESSER
1 HOHER MIXBECHER
    ODER 1 SCHÜSSEL
1 KLEINE SCHÜSSEL
1 ESSLÖFFEL
1 TEELÖFFEL
1 SCHNEEBESEN
1 PFANNENWENDER
1 PINSEL
1 PÜRIERSTAB
1 REIBE

FOREST'S FINEST

ZUTATEN FÜR 2 PERSONEN

8 getrocknete Datteln ohne Kern · 8 Scheiben Frühstücksspeck · 6 EL Olivenöl ·
2 Handvoll Pfifferlinge, geputzt · 2 EL Butter · Meersalz · Pfeffer · 1 rote Zwiebel ·
½ Handvoll Wildkräutersalat, essfertig · ½ Zitrone

MIN.

1 Eine kleine Pfanne ohne Zugabe von Fett auf mittlerer Stufe erhitzen.
Datteln mit Speck umwickeln, in die heiße Pfanne geben und bis Minute 5 rundum braun anbraten.

2 4 EL Olivenöl in einer großen Pfanne auf hoher Stufe erhitzen. Trockene
Enden der Pfifferlinge entfernen, Pilze bei Bedarf halbieren.

3 Pfifferlinge in die große Pfanne geben und rundum anbraten. Butter
zugeben und mit Meersalz und Pfeffer würzen.

4 Zwiebel schälen und in feine Scheiben schneiden, anschließend zu den
Pfifferlingen in die Pfanne geben und mitbraten. Hitze auf die mittlere
Stufe reduzieren.

5 Datteln vom Herd nehmen, schräg halbieren und zu den Pilzen geben.
Gegebenenfalls erneut mit Meersalz und Pfeffer würzen und gut durch-
mischen. Bis zum Servieren durchziehen lassen.

6 Wildkräutersalat in einer Schüssel mit dem übrigen Olivenöl und
etwas Zitronensaft marinieren, mit Meersalz und Pfeffer würzen.

7 Datteln und Pilze auf Tellern anrichten und mit Wildkräutersalat garnieren.

1 GROßE PFANNE
1 KLEINE PFANNE
1 SCHNEIDEBRETT
1 KOCHMESSER
1 MITTELGROßE SCHÜSSEL
1 KOCHLÖFFEL
1 ESSLÖFFEL
1 PFANNENWENDER

LAMMSTEAKS MIT BOHNEN-STEW

ZUTATEN FÜR 2 PERSONEN

1 kleine Dose Cannellini-Bohnen · 2 Knoblauchzehen · 2 Zweige Rosmarin · 4 EL Olivenöl ·
2 EL Balsamicoessig · Meersalz · Pfeffer · 2 Lammsteaks · 1 Handvoll Kirschtomaten ·
1 Tasse (¼ l) Hühnerfond · 1 Handvoll Babyspinat, essfertig

MIN.

1 Bohnen in ein Sieb abgießen, mit kaltem Wasser abspülen und abtropfen lassen. Knoblauch schälen, in feine Scheiben schneiden und in eine Schüssel geben.

2 Eine große Pfanne ohne Zugabe von Fett auf hoher Stufe erhitzen. Rosmarin mit kaltem Wasser abbrausen, trocken tupfen, die Nadeln von den Zweigen zupfen, fein hacken und mit Olivenöl und Balsamicoessig zum Knoblauch geben. Mit Meersalz und Pfeffer würzen.

3 Lamm trocken tupfen und mit der Rosmarin-Marinade einreiben. In die vorgeheizte Pfanne geben und von beiden Seiten scharf anbraten, bis eine gleichmäßige Bräunung erkennbar ist. Anschließend die Hitze auf die mittlere Stufe reduzieren.

4 Kirschtomaten mit kaltem Wasser abbrausen, trocken tupfen, halbieren und zusammen mit den Bohnen in die Pfanne geben.

5 Gut umrühren, mit Hühnerfond ablöschen, aufkochen, mit Meersalz und Pfeffer würzen und die Flüssigkeit etwas einkochen lassen.

6 Babyspinat zugeben, zusammenfallen lassen und bei niedriger Hitze kurz ziehen lassen.

7 Lamm aus der Pfanne nehmen und quer in breite Streifen schneiden. Gemüse auf Tellern verteilen und das Lamm darauf anrichten.

1 GROßE PFANNE
1 SCHNEIDEBRETT
1 KOCHMESSER
1 MITTELGROßE SCHÜSSEL
1 TASSE
1 ESSLÖFFEL
1 PFANNENWENDER
1 SIEB

JUICY CHICKEN

ZUTATEN FÜR 2 PERSONEN
1 doppelte Hühnerbrust · 4 EL Olivenöl · Meersalz · Pfeffer · 1 rote Chilischote · 4 Zweige Koriander · 1 Knoblauchzehe · 1 Limette · 1 Schuss Geflügelfond · 1 TL Rohrzucker · 1 kleine Mango · 1 Handvoll Wildkräutersalat oder Salatmix, essfertig · 2 EL Erdnüsse, geröstet und gesalzen

MIN.

1 Eine große Pfanne ohne Zugabe von Fett auf hoher Stufe erhitzen. Hühnerbrust trocken tupfen, teilen, waagerecht halbieren, rundum mit Olivenöl einreiben und mit Meersalz und Pfeffer würzen.

2 Beidseitig scharf anbraten, bis eine gleichmäßige Bräunung erkennbar ist. Anschließend die Hitze auf die mittlere Stufe reduzieren und das Fleisch bis Minute 7 garen. Nach der Hälfte der Zeit wenden.

3 Chili und Koriander mit kaltem Wasser abbrausen und trocken tupfen. Chili entkernen und in feine Ringe schneiden, Korianderblätter von den Zweigen zupfen und grob hacken.

4 Knoblauchzehe schälen und fein würfeln. Limette halbieren und den Saft in ein verschließbares Glas pressen.

5 Chili, Koriander, Knoblauch, Geflügelfond und Rohrzucker zugeben, mit Meersalz und Pfeffer würzen und mit geschlossenem Deckel zu einem Dressing schütteln. Eine kleine Pfanne ohne Zugabe von Fett auf mittlerer Stufe erhitzen.

6 Mango schälen, das Fruchtfleisch vom Stein herunterschneiden, würfeln und mit dem Salat in eine Schüssel geben. Mit dem Dressing übergießen und vermengen.

7 Erdnüsse in die kleine Pfanne geben und rundum goldbraun rösten. Hühnerbrust aus der Pfanne nehmen, schräg in Streifen schneiden und zum Salat geben. Nochmals durchmengen und gegebenenfalls erneut mit Meersalz und Pfeffer würzen.

8 Erdnüsse grob hacken. Salat auf Bowls verteilen und mit den Erdnüssen bestreuen.

1 GROßE PFANNE
1 KLEINE PFANNE
1 SCHNEIDEBRETT
1 KOCHMESSER
1 GROßE SCHÜSSEL
1 VERSCHLIEßBARES GLAS
1 ESSLÖFFEL
1 TEELÖFFEL
1 PFANNENWENDER
1 SPARSCHÄLER

DER REIGEN
DER LÄMMER

ZUTATEN FÜR 2 PERSONEN

2 Lammfilets · 4 EL Olivenöl · Meersalz · Pfeffer · 4 EL Butter · 2 EL Zucker · 2 Schalotten ·
6 Feigen · 1 Schuss Marsala · ½ Tasse (⅛ l) Portwein · 1 Msp. Chiliflocken · 4 Zweige Thymian ·
2 Knoblauchzehen

MIN.

1 Eine große Pfanne ohne Zugabe von Fett auf hoher Stufe erhitzen. Lammfilets trocken tupfen, rundum mit Olivenöl einreiben, mit Meersalz und Pfeffer würzen und in der vorgeheizten Pfanne von beiden Seiten wenige Sekunden scharf anbraten. Anschließend die Hitze auf die mittlere Stufe reduzieren und das Fleisch bis Minute 5 garen. Nach der Hälfte der Zeit wenden.

2 2 EL Butter in einer weiteren Pfanne bei mittlerer Hitze schmelzen, anschließend Zucker zugeben und unter Rühren goldbraun karamellisieren lassen (bei Bedarf etwas Wasser hinzugeben, damit der Karamell nicht verbrennt).

3 Schalotten schälen, halbieren und zum Karamell in die Pfanne geben. Feigen mit warmem Wasser abbrausen, trocken tupfen, von den Stielen befreien, vierteln und ebenfalls zum Karamell geben.

4 Schalotten und Feigen mit Marsala ablöschen. Portwein angießen, Chiliflocken zugeben und die Flüssigkeit bis Minute 6 sirupartig einkochen lassen.

5 Thymian mit kaltem Wasser abbrausen und trocken tupfen. Knoblauch ungeschält mit der Hand oder der flachen Seite eines Messers andrücken und gemeinsam mit dem Thymian zum Lamm geben. Übrige Butter zum Fleisch in die Pfanne geben. Lamm mit geschmolzener Butter benetzen.

6 Fleisch aus der Pfanne nehmen, quer in Streifen schneiden und mit den Feigen und Schalotten anrichten. Mit Meersalz würzen.

2 GROSSE PFANNEN
1 SCHNEIDEBRETT
1 KOCHMESSER
1 TASSE
1 KOCHLÖFFEL
1 ESSLÖFFEL
1 PFANNENWENDER

DIE SCHNELLSTE BOLOGNESE ALLER ZEITEN

ZUTATEN FÜR 2 PERSONEN

1 Tomate · 1 Handvoll Kirschtomaten · Basilikum zum Garnieren · 1 EL Olivenöl · 1 Zwiebel · 2 Handvoll frische schmale Bandnudeln oder Spaghetti · 1 EL Tomatenmark · 2 Handvoll Rinderhackfleisch · 1 Schuss Rotwein · ½ Tasse (⅛ l) passierte Tomaten · Meersalz · Pfeffer · Parmesan zum Darüberreiben

MIN.

1 6 Tassen (1 ½ l) heißes Wasser in einem Wasserkocher aufsetzen. Tomate, Kirschtomaten und Basilikum mit kaltem Wasser abbrausen und trocken tupfen. Olivenöl in einer großen Pfanne auf hoher Stufe erhitzen.

2 Zwiebel schälen, in feine Würfel schneiden und im heißen Öl anbraten.

3 Tomate in grobe Stücke schneiden, zur Zwiebel geben und kurz anbraten. Wasser aus dem Wasserkocher in einen mittelgroßen Topf umfüllen und kräftig salzen. Nudeln in das kochende Wasser geben und bis Minute 7 bei hoher Temperatur bissfest garen (Packungsangabe beachten).

4 Zwiebel und Tomaten mit Tomatenmark binden, das Fleisch zugeben und von allen Seiten kräftig anbraten.

5 Fleisch mit Rotwein ablöschen, passierte Tomaten hinzufügen, aufkochen, salzen und pfeffern und bis Minute 8 einkochen lassen.

6 Kirschtomaten halbieren. Basilikumblätter von den Zweigen zupfen.

7 Nudeln in ein Sieb gießen und abtropfen lassen.

8 Pasta auf Tellern anrichten und mit der Bolognese-Sauce übergießen. Parmesan darüberreiben und mit Kirschtomaten und Basilikum garnieren.

1 MITTELGROßER TOPF
1 GROßE PFANNE
1 SCHNEIDEBRETT
1 KOCHMESSER
1 TASSE
1 KOCHLÖFFEL
1 ESSLÖFFEL
1 REIBE
1 SIEB
1 WASSERKOCHER

CURRY IN A HURRY

ZUTATEN FÜR 2 PERSONEN

1 Dose (400 ml) Kokosmilch · 1 kleine Dose Kichererbsen · 1 EL Sonnenblumenöl ·
1 Hühnerbrust · 1 Zwiebel · 1 Knoblauchzehe · 1 TL rote Currypaste · Meersalz ·
Pfeffer · 2 Zweige Koriander · 1 Handvoll Babyspinat, essfertig

MIN.

1 Kokosmilch in einem kleinen Topf bei hoher Hitze aufsetzen und abgedeckt bis Minute 6 erwärmen, dabei darauf achten, dass sie nicht überkocht (Hitze bei Bedarf reduzieren). Kichererbsen in ein Sieb abgießen,
mit kaltem Wasser abspülen und abtropfen lassen. Öl in einer großen
Pfanne auf hoher Stufe erhitzen.

2 Hühnerbrust trocken tupfen und in feine Streifen schneiden.

3 Fleischstreifen bis Minute 5 rundum kräftig im heißen Öl anbraten.

4 Zwiebel und Knoblauch schälen und fein würfeln.

5 Currypaste, Zwiebeln, Knoblauch und Kichererbsen zum Fleisch in die
Pfanne geben und anbraten.

6 Curry-Basis mit erwärmter Kokosmilch aufgießen, mit Meersalz und
Pfeffer würzen. Zugedeckt köcheln lassen. Koriander mit kaltem Wasser
abbrausen und trocken tupfen. Korianderblätter von den Zweigen zupfen.

7 Spinat und Koriander unter das Curry heben und zusammenfallen lassen.

8 Curry mit Meersalz und Pfeffer abschmecken und anrichten.

1 KLEINER TOPF
1 GROSSE PFANNE
1 SCHNEIDEBRETT
1 KOCHMESSER
1 KOCHLÖFFEL
1 ESSLÖFFEL
1 TEELÖFFEL
1 SIEB

STEAK & CHIPS

ZUTATEN FÜR 2 PERSONEN

4 Tassen (1 l) Kokosöl (ersatzweise Pflanzenöl, z. B. Sonnenblumen- oder Rapsöl) · 1 EL Olivenöl · 2 Rib-Eye-Steaks (á 180–200 g) · 1 Zweig Thymian · 2 Knoblauchzehen · Meersalz · Pfeffer · 2 kleine Kartoffeln · 1 kleine Süßkartoffel · 1 Karotte · 1 Rote Bete · 1 Petersilienwurzel

MIN.

1 Kokosöl in einem hohen Topf auf höchster Stufe aufsetzen und abgedeckt bis Minute 6 erhitzen, dabei darauf achten, dass es nicht spritzt. Olivenöl in einer großen Pfanne auf hoher Stufe erhitzen. Rib-Eye-Steaks trocken tupfen. Thymian mit kaltem Wasser abbrausen und trocken tupfen.

2 Knoblauch ungeschält mit der Hand andrücken und gemeinsam mit dem Thymian in die Pfanne geben. Steaks in die heiße Pfanne legen und von beiden Seiten scharf anbraten. Mit Meersalz und Pfeffer würzen, anschließend bis Minute 6 bei mittlerer Hitze medium-rosa garen. Nach der Hälfte der Zeit wenden.

3 Gemüse schälen und in sehr feine Scheiben hobeln.

6 Steaks vom Herd nehmen und zum Ruhen zur Seite stellen. Gemüse-scheiben nach und nach im heißen Öl goldbraun frittieren. Anschließend mit einer Schaumkelle herausheben und auf Küchenpapier abtropfen lassen.

8 Steaks und Gemüsechips gemeinsam anrichten und großzügig mit Meer-salz würzen.

1 HOHER TOPF
1 GROSSE PFANNE
1 SCHNEIDEBRETT
1 ESSLÖFFEL
1 PFANNENWENDER
1 SCHAUMKELLE
1 SPARSCHÄLER
1 GEMÜSEHOBEL

FAULTIER-FLAMMKUCHEN

FÜR EXTRA-FAULE

ZUTATEN FÜR 2 PERSONEN
1 Rolle Flammkuchenteig (aus dem Kühlregal) · 1 Becher saure Sahne ·
1 Handvoll gewürfelter Speck · 2 rote Zwiebeln · Meersalz · Pfeffer ·
glatte Petersilie zum Garnieren

MIN.

1 Backofen auf 200 °C Umluft einschalten. Ein Backblech mit Backpapier auslegen und den Flammkuchenteig darauf ausbreiten.

2 Saure Sahne mit einem Löffelrücken gleichmäßig auf dem Teig verstreichen und den Speck darauf verteilen.

3 Zwiebeln schälen, in feine Ringe schneiden und ebenfalls gleichmäßig auf dem Teig verteilen. Mit Meersalz und Pfeffer würzen. Flammkuchen in den Ofen schieben und bis Minute 8 goldbraun backen.

4 Petersilie mit kaltem Wasser abbrausen, trocken tupfen, die Blätter von den Zweigen zupfen und grob hacken.

8 Flammkuchen aus dem Ofen nehmen und mit Petersilie bestreuen.

1 BACKBLECH
1 BOGEN BACKPAPIER
1 SCHNEIDEBRETT
1 KOCHMESSER
1 ESSLÖFFEL

WÜRZIGE ANANAS MIT KORIANDER

KEEP-CALM-CRÊPES

TROPICAL FRUITBOOM

COOKIE DOUGH

3-MINUTE FROZEN YOGURT

MANDARINENQUARK

BITTER & SWEET

1001-NACHT-GRIEßBREI

SÜßES

WÜRZIGE ANANAS MIT KORIANDER

ZUTATEN FÜR 2 PERSONEN

1 Babyananas · 2 EL Cashewkerne, geröstet und gesalzen · 4 EL Zucker ·
1 Limette · 1 TL Rosa Beeren · Koriander zum Garnieren

MIN.

1 Eine kleine und eine große Pfanne ohne Zugabe von Fett auf mittlerer Stufe erhitzen. Babyananas schälen, längs vierteln, den Strunk herausschneiden und die Viertel in etwa zeigefingerdicke Scheiben schneiden.

2 Cashewkerne in der kleinen Pfanne rundum goldbraun rösten. Anschließend herausnehmen und auf einem Teller zur Seite stellen.

3 Zucker in die große Pfanne geben und unter Rühren goldbraun karamellisieren lassen (bei Bedarf etwas Wasser hinzugeben, damit der Karamell nicht verbrennt).

5 Ananas in die Pfanne geben und wenige Sekunden karamellisieren. Limette halbieren, den Saft in die Pfanne pressen und so den Karamell ablöschen. Hitze reduzieren und die Flüssigkeit auf niedriger Stufe bis zum Servieren reduzieren lassen.

6 Rosa Beeren grob hacken. Koriander mit kaltem Wasser abbrausen, trocken tupfen und die Blätter von den Zweigen zupfen.

7 Karamellisierte Ananas auf Tellern anrichten und mit Koriander, Rosa Beeren und Cashews bestreuen.

1 GROSSE PFANNE
1 KLEINE PFANNE
1 SCHNEIDEBRETT
1 KOCHMESSER
1 TELLER
1 KOCHLÖFFEL
1 ESSLÖFFEL

KEEP-CALM-CRÊPES

ZUTATEN FÜR 2 PERSONEN
2 EL Butter · 1 Handvoll gemischte Beeren (z. B. Erdbeeren, Blaubeeren, Himbeeren, Johannisbeeren, Brombeeren) · 8 EL Mehl · 2 Eier · 2 EL Zucker · 1 ½ Tassen (375 ml) Milch · Rapsöl · 3 EL
Haselnusscreme · Puderzucker zum Bestäuben

MIN.

1 Butter in einem kleinen Topf bei mittlerer Hitze schmelzen. Beeren in einem Sieb mit kaltem Wasser abbrausen und abtropfen lassen. Bei Bedarf putzen und in mundgerechte Stücke schneiden.

2 Eine große Pfanne auf mittlerer Stufe erhitzen. Mehl, Eier, flüssige Butter und Zucker in einer Schüssel miteinander vermischen.

3 Milch nach und nach unterrühren, sodass ein dickflüssiger Teig entsteht.

4 Pfannenboden gleichmäßig mit etwas Rapsöl bepinseln, anschließend mit Küchenpapier auswischen. Ein Viertel des Teigs mithilfe einer Schöpfkelle oder eines Messbechers in die Pfanne geben, durch Schwenken hauchdünn auf dem Pfannenboden verteilen und die Crêpe von beiden Seiten in wenigen Sekunden goldbraun backen. Crêpe aus der Pfanne nehmen und auf einem Teller zur Seite stellen.

5 Die übrigen drei Crêpes ebenso ausbacken.

7 Crêpes jeweils zur Hälfte großzügig mit Haselnusscreme bestreichen und die Beeren darauf verteilen. Die nicht bestrichenen Hälften über die Füllung klappen, anschließend erneut in der Mitte falten, sodass Viertelkreise entstehen.

8 Crêpes auf einer großen Platte anrichten und mit Puderzucker bestäuben.

1 KLEINER TOPF
1 GROßE PFANNE
1 KOCHMESSER
1 TELLER
1 MITTELGROßE SCHÜSSEL
1 TASSE
1 ESSLÖFFEL

1 SCHNEEBESEN
1 PINSEL
1 PFANNENWENDER
1 SCHÖPFKELLE ODER
1 MESSBECHER
1 FEINES SIEB
1 SIEB

TROPICAL FRUITBOOM

ZUTATEN FÜR 2 PERSONEN

1 Drachenfrucht · 1 Babyananas · 1 Kiwi · 1 Handvoll gemischte Beeren (z. B. Erdbeeren, Blaubeeren, Himbeeren, Johannisbeeren, Brombeeren) · 1 Limette · 2 Zweige Minze · 4 EL Olivenöl · 1 EL flüssiger Honig · 2 EL Granola · Puderzucker zum Bestäuben

MIN.

1 Drachenfrucht der Länge nach halbieren, das Fruchtfleisch mithilfe eines kleinen Kugelausstechers oder Löffels entnehmen und in eine Schüssel geben. Ausgehöhlte Schalen aufbewahren, sie werden später zum Anrichten verwendet.

2 Babyananas schälen, längs vierteln, den Strunk herausschneiden, die Viertel in mundgerechte Würfel schneiden und ebenfalls in die Schüssel geben.

3 Kiwi schälen und würfeln. Beeren in einem Sieb mit kaltem Wasser abbrausen und abtropfen lassen. Bei Bedarf putzen und in mundgerechte Stücke schneiden. Kiwi und Beeren zum übrigen Obst in die Schüssel geben.

4 Limette halbieren und den Saft in ein verschließbares Glas pressen. Minze mit kaltem Wasser abbrausen, trocken tupfen und die Blätter von den Zweigen zupfen. Minze, Olivenöl und Honig zum Limettensaft in das Glas geben und mit geschlossenem Deckel zu einem Dressing schütteln.

5 Obst mit dem Dressing marinieren und in den Drachenfruchtschalen anrichten. Mit Granola bestreuen und mit Puderzucker bestäuben.

1 SCHNEIDEBRETT
1 KOCHMESSER
1 MITTELGROßE SCHÜSSEL
1 VERSCHLIEßBARES GLAS
1 ESSLÖFFEL
1 KUGELAUSSTECHER
1 FEINES SIEB
1 SIEB

COOKIE DOUGH
ESSBARER KEKSTEIG

ZUTATEN FÜR 2 PERSONEN
1 unbehandelte Orange · 4 EL Zucker · 2 EL brauner Zucker · 1 Päckchen Vanillezucker · 6 EL weiche Butter · 5 EL Mehl · 2 EL Schokoladentropfen, alternativ gehackte Schokolade · 2 EL Zuckerperlen · 2 EL Rauchmandeln · gemischte Beeren zum Garnieren (z. B. Erdbeeren, Blaubeeren, Himbeeren, Johannisbeeren, Brombeeren) · Minze zum Garnieren · Puderzucker zum Bestäuben

MIN.

1 Orange mit heißem Wasser abbrausen, trocken tupfen und die orangefarbene Schale in eine Schüssel reiben. Mit Zucker, braunem Zucker und Vanillezucker vermischen, Butter zugeben und alles gut miteinander vermengen.

2 Mehl nach und nach einarbeiten und die Masse mit den Händen zu einem glatten Teig kneten.

3 Teigmasse dritteln, einen Teil mit Schokoladentropfen vermischen, einen weiteren Teil mit Zuckerperlen. Rauchmandeln hacken und mit dem übrigen Teigdrittel vermischen. Jeweils eine kleine Menge für die Garnitur zurückhalten.

4 Beeren in einem Sieb mit kaltem Wasser abbrausen und abtropfen lassen. Bei Bedarf putzen und in mundgerechte Stücke schneiden. Minze mit kaltem Wasser abbrausen, trocken tupfen und die Blätter von den Zweigen zupfen.

5 Aus den Teigen mit einem Eisportionierer kugelförmige Cookies formen, mit den übrigen Garniturbestandteilen bestreuen, mit Beeren und Minze garnieren und mit Puderzucker bestäuben.

1 MITTELGROSSE SCHÜSSEL
1 ESSLÖFFEL
1 EISPORTIONIERER
1 REIBE
1 FEINES SIEB
1 SIEB

3-MINUTE FROZEN YOGURT

FÜR EXTRA-FAULE

ZUTATEN FÜR 2 PERSONEN

frische Beeren zum Garnieren (z. B. Erdbeeren, Blaubeeren, Himbeeren, Johannisbeeren, Brombeeren) · 1 kleiner Becher Naturjoghurt · 3 EL Ahornsirup oder Kokosblütensirup · 1 Handvoll tiefgekühlte Himbeeren oder Beerenmix · Puderzucker zum Bestäuben

MIN.

1 Frische Beeren in einem Sieb unter kaltem Wasser abbrausen und abtropfen lassen. Bei Bedarf putzen und in mundgerechte Stücke schneiden.

2 Joghurt, Ahornsirup und tiefgekühlte Beeren in einen Standmixer geben und pürieren, bis die Masse cremig ist.

3 Frozen Yogurt in Schälchen anrichten und mit frischen Beeren sowie etwas Puderzucker garnieren.

1 ESSLÖFFEL
1 EISPORTIONIERER
1 FEINES SIEB
1 SIEB
1 STANDMIXER

MANDARINEN-QUARK

FÜR ABWASCH-FAULE

ZUTATEN FÜR 2 PERSONEN

1 kleine Packung Speisequark · 1 kleiner Becher Naturjoghurt · 2 EL Ahornsirup ·
1 unbehandelte Orange · 3 Mandarinen · Minze zum Garnieren

__MIN.__

1 Quark, Joghurt und Ahornsirup in einer Schüssel zu einer glatten Masse verrühren.

2 Orange mit heißem Wasser abbrausen, trocken tupfen, die orange-farbene Schale abreiben und einen Großteil der Schale unter die Quarkmischung rühren.

3 Mandarinen schälen und in Stücke teilen.

4 Mandarinenstücke unter die Quarkmasse heben. Minze mit kaltem Wasser abbrausen, trocken tupfen und die Blätter von den Zweigen zupfen.

5 Mandarinenquark in Schälchen anrichten und mit Minze und der übrigen Orangenschale garnieren.

1 MITTELGROßE SCHÜSSEL
1 ESSLÖFFEL
1 SCHNEEBESEN
1 REIBE

BITTER & SWEET

ZUTATEN FÜR 2 PERSONEN
4 EL brauner Zucker · 2 Grapefruits ·
Thymian zum Garnieren · Vanilleeis

MIN.

1 Zucker auf einem Teller verteilen. Grapefruits halbieren und mit den Schnittflächen
in den Zucker drücken.

2 Grapefruits mit den Schnittflächen nach
oben auf ein Backblech setzen und mit
einem Küchenbrenner bei niedriger bis
mittlerer Hitze karamellisieren.

3 Thymian mit kaltem Wasser abbrausen und
trocken tupfen. Karamellisierte Grapefruits
mit je 1 Kugel Eis anrichten, mit Thymian
garnieren und sofort genießen.

1 BACKBLECH
1 SCHNEIDEBRETT
1 KOCHMESSER
1 TELLER
1 ESSLÖFFEL
1 EISPORTIONIERER
1 KÜCHENBRENNER
1 FEUERZEUG

1001-NACHT-GRIEßBREI

ZUTATEN FÜR 2 PERSONEN
3 EL Butter · 3 EL Weizengrieß · 3 EL Zucker · 1 EL Pistazienkerne ·
½ Granatapfel · Minze zum Garnieren · gemahlener Zimt zum Bestäuben

<u>MIN.</u>

1 1 Tasse (¼ l) heißes Wasser in einem Wasserkocher aufsetzen. Butter in einem kleinen Topf bei mittlerer Hitze sanft schmelzen und goldbraun werden lassen.

2 Grieß und Zucker zur Butter geben und gut verrühren. Kochendes Wasser in den Topf gießen und den Grieß mit einem Schneebesen bis Minute 5 unentwegt rühren, bis er eine puddingartige Konsistenz bekommt.

5 Grießbrei vom Herd nehmen und bis zum Servieren quellen lassen. Eine kleine Pfanne ohne Zugabe von Fett auf mittlerer Stufe erhitzen. Pistazienkerne in die Pfanne geben und wenige Sekunden unter ständigem Schwenken goldbraun rösten, anschließend vom Herd nehmen.

6 Granatapfelhälfte aufbrechen und die Kerne auslösen.

7 Minze mit kaltem Wasser abbrausen, trocken tupfen und die Blätter von den Zweigen zupfen. Grießbrei in Bowls oder tiefen Tellern anrichten, mit Granatapfel- sowie Pistazienkernen und Minze garnieren und mit Zimt bestäuben.

TIPP In Folie gewickelt hält sich die zweite Granatapfelhälfte im Kühlschrank einige Tage. Sie kann für die Rezepte auf S.52 und 140 verwendet werden.

1 KLEINER TOPF
1 KLEINE PFANNE
1 SCHNEIDEBRETT
1 KOCHMESSER
1 TASSE
1 ESSLÖFFEL
1 SCHNEEBESEN
1 WASSERKOCHER

GREEN POWER SMOOTHIE

SLOTH SLING

SPICY HOT CHOCOLATE

RED VELVET SMOOTHIE

GRANATAPFEL-KOMBUCHA-MIMOSA

BETTER LEMON

HIMBEER-FLOATER

FAULTIERS LIEBLING

DRINKS

GREEN POWER SMOOTHIE

ZUTATEN FÜR 2 PERSONEN
1 kleine Gurke · 1 grüner Apfel (z. B. Granny Smith) · 1 Avocado ·
1 Handvoll Babyspinat, essfertig · 2 EL flüssiger Honig · 1 Handvoll
Eiswürfel

MIN.

1 Gurke und Apfel mit kaltem Wasser abbrausen und trocken
tupfen. Apfel vierteln und entkernen. Apfel und Gurke in
grobe Stücke schneiden.

2 Avocado der Länge nach halbieren, entkernen und das
Fruchtfleisch aus der Schale lösen. Avocadofruchtfleisch
in grobe Würfel schneiden.

3 Alle Zutaten in einen Standmixer geben und zu einem feinen Smoothie pürieren.

4 Green Power Smoothie in Longdrinkgläser gießen und
sofort servieren.

1 SCHNEIDEBRETT
1 KOCHMESSER
1 ESSLÖFFEL
1 STANDMIXER

SLOTH SLING

ZUTATEN FÜR 2 PERSONEN

1 Grapefruit · 2 Limetten · ½ Tasse (⅛ l) Mezcal, gekühlt · 1 ½ EL Rosensirup ·
3 Handvoll Eiswürfel · 2 Tassen (½ l) Grapefruit-Schorle (Verhältnis 1:1), gekühlt ·
essbare Blüten zum Garnieren

MIN.

1 Longdrinkgläser in das Gefrierfach stellen. Grapefruit halbieren.
1 Scheibe für die Dekoration abschneiden und in Stücke schneiden.

2 Limetten halbieren. Grapefruit- und Limettensaft in einen
Cocktailshaker pressen. Mezcal und Rosensirup hinzugeben, mit
1 Handvoll Eiswürfeln auffüllen und kräftig schütteln.

3 Übrige Eiswürfel in die vorgekühlten Longdrinkgläser geben.
Cocktail in die Gläser seihen, mit Grapefruit-Schorle auffüllen
und mit essbaren Blüten und Grapefruitstücken garnieren.

1 SCHNEIDEBRETT
1 KOCHMESSER
1 TASSE
1 ESSLÖFFEL
1 COCKTAILSHAKER

SPICY HOT CHOCOLATE

ZUTATEN FÜR 2 PERSONEN

1 unbehandelte Orange · 2 Tassen (½ l) Milch · 1 Tasse (¼ l) Sahne · 1 Msp. gemahlener Kardamom · 1 Msp. gemahlener Zimt · 1 ½ Tafeln dunkle Schokolade (70 % Kakaoanteil) · 1 EL Zucker

MIN.

1 Orange mit heißem Wasser abbrausen, trocken tupfen und die orangefarbene Schale abreiben. Milch und Sahne zusammen mit Orangenschale, Kardamom und Zimt in einem kleinen Topf abgedeckt bei hoher Hitze aufsetzen.

2 Schokolade grob hacken.

3 Gewürzte Milch unter Rühren weiter erhitzen, jedoch nicht zum Kochen bringen.

5 Schokoladenstücke zusammen mit dem Zucker zur Flüssigkeit geben und bei reduzierter Hitze so lange rühren, bis sie sich aufgelöst haben.

6 Heiße Schokolade vorsichtig durch ein kleines Sieb in Tassen seihen und servieren.

1 KLEINER TOPF
1 SCHNEIDEBRETT
1 KOCHMESSER
1 TASSE
1 ESSLÖFFEL
1 SCHNEEBESEN
1 FEINES SIEB
1 REIBE

RED VELVET SMOOTHIE

ZUTATEN FÜR 2 PERSONEN

1 Handvoll Erdbeeren · 1 Rote Bete, essfertig ·
1 Banane · 1 daumendickes Stück Ingwer · 1 Handvoll
grüner Salat, essfertig · 1 Handvoll Eiswürfel

MIN.

1 Erdbeeren in einem Sieb mit kaltem Wasser abbrausen,
abtropfen lassen, anschließend putzen. Rote Bete in grobe
Stücke schneiden.

2 Banane und Ingwer schälen, beides grob würfeln.

3 Alle Zutaten in einen Standmixer geben und zu einem feinen
Smoothie pürieren.

4 Red Velvet Smoothie auf Gläser verteilen und servieren.

1 SCHNEIDEBRETT
1 KOCHMESSER
1 SIEB
1 STANDMIXER

GRANATAPFEL-KOMBUCHA-MIMOSA

ZUTATEN FÜR 2 PERSONEN

½ Granatapfel · 2 EL Kokosblütenzucker, alternativ Rohrzucker · 2 Handvoll Eiswürfel · 1 unbehandelte Orange · 1 kleine Flasche Kombucha (Geschmack nach Wahl), gekühlt · 1 kleine Flasche Champagner oder Prosecco, gekühlt

MIN.

1 Granatapfelhälfte aufbrechen und die Kerne auslösen.

2 Kokosblütenzucker auf einen kleinen Teller geben. Die Ränder zweier Longdrinkgläser befeuchten und in den Zucker drücken, sodass er daran haften bleibt. Übrigen Kokosblütenzucker, Granatapfelkerne sowie Eiswürfel gleichmäßig auf beide Gläser verteilen.

3 Orange mit heißem Wasser abbrausen, trocken tupfen und die orangefarbene Schale einer halben Frucht abreiben. Orange halbieren, 1 Scheibe abschneiden und diese vierteln.

4 Saft einer halben Orange in die Gläser pressen.

5 Kombucha und Champagner bzw. Prosecco in die Gläser geben. Mit abgeriebener Orangenschale und Orangenvierteln garnieren.

TIPP In Folie gewickelt hält sich die zweite Granatapfelhälfte im Kühlschrank einige Tage. Sie kann für die Rezepte auf S.52 und 128 verwendet werden.

1 SCHNEIDEBRETT
1 KOCHMESSER
1 KLEINER TELLER
1 ESSLÖFFEL
1 ZITRUSPRESSE
1 REIBE

BETTER LEMON

ZUTATEN FÜR 2 PERSONEN

4 Zweige Thymian · 6 Zitronen · 1 Tasse Zucker · 2–3 Handvoll
Eiswürfel · 4 Tassen (2 l) Mineralwasser, gekühlt

MIN.

1 1 Tasse (¼ l) heißes Wasser in einem Wasserkocher
aufsetzen. Thymian mit kaltem Wasser abbrausen
und trocken tupfen. Zitronen halbieren.

2 Wasser in einen kleinen Topf umfüllen, Thymian-
zweige hineingeben, Zucker zufügen und unter
Rühren auflösen. Bis Minute 4 bei niedriger Hitze
köcheln lassen.

3 Eine große Karaffe mit Eiswürfeln füllen. Zitronensaft in die Karaffe pressen.

4 Thymiansirup sowie das Mineralwasser in die Karaffe
füllen. Mit einem langen Löffel umrühren, sodass
sich die unterschiedlichen Flüssigkeiten gut miteinander vermischen. Limonade eisgekühlt servieren.

1 KLEINER TOPF
1 SCHNEIDEBRETT
1 KOCHMESSER
1 TASSE
1 LANGER LÖFFEL
1 SCHNEEBESEN
1 WASSERKOCHER
1 GROßE KARAFFE

HIMBEER-FLOATER

ZUTATEN FÜR 2 PERSONEN

1 Handvoll Brombeeren · Himbeersorbet ·
1 kleine Flasche Champagner oder Prosecco,
gekühlt · ½ Tasse (⅛ l) Himbeerschorle oder
Himbeerlimonade, gekühlt

<u>MIN.</u>

1 Brombeeren in einem Sieb mit kaltem Wasser abbrausen und abtropfen lassen. Je 1 Kugel Himbeersorbet in Coupé-gläser geben.

2 Champagner angießen, sodass die Kugeln zu einem Drittel bedeckt sind. Mit Himbeerschorle auffüllen, bis die Kugeln zur Hälfte mit Flüssigkeit bedeckt sind. Mit Brombeeren garnieren.

1 TASSE
1 EISPORTIONIERER
1 SIEB

FAULTIERS LIEBLING

ZUTATEN FÜR 2 PERSONEN

1 Orange · 1 Vanilleschote · 2 Tassen (½ l) Kokoswasser · 1 TL Ahornsirup · 2 Handvoll Crushed Ice

MIN.

1 Orange halbieren und den Saft in den Krug eines Standmixers pressen.

2 Vanilleschote der Länge nach halbieren und das Mark mit einem Messerrücken auskratzen. Vanillemark, Kokoswasser und Ahornsirup zum Orangensaft geben und kräftig mixen.

3 Krug nach und nach mit 1 Handvoll Crushed Ice auffüllen und den Mixer so lange laufen lassen, bis der Drink eine cremige Konsistenz angenommen hat.

4 Drink in Longdrinkgläser gießen, mit übrigem Crushed Ice auffüllen und eiskalt genießen.

1 SCHNEIDEBRETT
1 KOCHMESSER
1 TASSE
1 TEELÖFFEL
1 STANDMIXER

HEUTE GAR NICHTS ERLEBT.

AUCH SCHÖN.

MENÜS

FAULTIER-DINNER

SCHAUMIGE ZITRONENGRAS-KOKOS-SUPPE

57

JUICY CHICKEN

100

HIMBEER-FLOATER

144

LAZY COOKING

LACHS MIT AVOCADO UND MISO-DRESSING

82

FRISCHE SALBEI-RAVIOLI

40

BITTER & SWEET

126

SLOTH SUPPER

FENCHEL-CARPACCIO MIT PARMESAN UND OLIVEN

46

DER REIGEN DER LÄMMER

102

3-MINUTE FROZEN YOGURT

122

EASY-PEASY

GREENHORN SALAD

52

SPEEDY SPAGHETTINI

42

MANDARINENQUARK

125

JUST HANGIN'

WILD AT HEART

64

GARNELEN MIT JUNGEM GEMÜSE

80

TROPICAL FRUITBOOM

119

FAULTIER-HACKS

"ICH SCHLAFE NICHT. ICH DENKE NACH!" MIT DIESEN EINFACHEN, GUT DURCHDACHTEN TRICKS HAST DU IN DER SCHNELLEN KÜCHE ALLES IM GRIFF UND MEHR ZEIT, UM DIE FAULTIERSEELE BAUMELN ZU LASSEN.

AUFRÄUMEN

Wenn du dir angewöhnst, schmutzige Töpfe und Pfannen sofort in die Spüle zu stellen, Geschirr und Besteck in die Spülmaschine zu räumen und Vorräte immer an der gleichen Stelle zu verstauen, dann kommt dir das Aufräumen und Putzen gleich viel weniger schlimm vor. Außerdem fühlt es sich faultiermäßig gut an, wenn erst mal alles erledigt ist.

AVOCADO

Zum Entfernen des Kerns Avocado der Länge nach rundum bis zum Kern einschneiden und die Hälften entgegengesetzt drehen. Der Kern lässt sich nun gut mit einem Löffel entfernen. Anschließend das Fruchtfleisch beider Hälften mit einem Löffel aus der Schale lösen. Avocados immer erst kurz vor dem Essen zubereiten, um die Oxidation (das Braunwerden) zu verhindern. Kurzfristig hilft auch etwas Zitronensaft gegen die Verfärbung. Unbedingt reife Avocados verarbeiten, sie schmecken einfach besser. Du erkennst sie daran, dass sich das Fruchtfleisch durch die Schale leicht eindrücken lässt – aber nicht zu fest, sonst gibt es braune Stellen.

EIER

Eier auf einer flachen Fläche aufschlagen, dann splittern sie nicht.

EINKAUFEN

Integriere den Einkauf in deinen Tagesablauf – morgens vor der Arbeit, in der Mittagspause oder auf dem Nachhauseweg. Er wird nicht lange dauern, denn ich verwende für jedes Gericht möglichst wenige Zutaten, ohne am Geschmack zu sparen. Kaufe, wenn möglich, nur das, was du wirklich benötigst. So läufst du nicht Gefahr, dass Lebensmittel verderben und weggeworfen werden müssen. Alle Zutaten sind in einem gut sortierten Supermarkt ohne Probleme erhältlich. Falls du also lieber eine ruhige Kugel statt den Einkaufswagen schiebst, ist alles in einem Gang erledigt.

FLEISCH

Aus Hygienegründen ist es sinnvoll, Fleisch vor dem Braten oder Kochen mit Küchenpapier trocken zu tupfen. Tropfsaft enthält zehnmal so viele Keime wie das Fleisch selbst. Waschen ist eher von Nachteil, denn dabei quillt das Fleisch auf und die Keime verteilen sich zwischen den Muskelfasern. Vielmehr sind die korrekte weitere Zubereitung sowie das richtige Garen entscheidend, um ein schmackhaftes und gesundheitlich unbedenkliches Lebensmittel zu erhalten. Sinnvoll kann das Waschen von Fleisch hingegen sein, wenn sich daran Knochensplitter befinden oder ausgetretenes Blut entfernt werden soll. Vor der weiteren Zubereitung das Fleisch unbedingt gründlich mit Küchenpapier trocken tupfen.

GEMÜSE

Kaufe, wenn möglich, saisonal und regional. Heimische Produkte schmecken besser und intensiver als künstlich außerhalb der Saison gezüchtete oder unreif geerntete importierte Waren mit langen Lieferwegen. Zudem sind sie meist billiger und schonen neben der Umwelt auch deinen Geldbeutel. Je feiner Gemüse geschnitten ist, desto kürzer fällt die Garzeit aus. Ein scharfes Messer ist dabei das A und O. Wenn du dein Gemüse mit Biss magst, lass die Stücke einfach etwas größer.

GETRÄNKE

Viel zu trinken ist auch für Faultiere wichtig, 3–4 Liter pro Tag sind ideal. Ich liebe selbstgemachte Drinks wie Smoothies und Limonaden, bei denen ich selbst bestimmen kann, was hineinkommt und wie süß sie ausfallen. Auch ein Cocktail ist ab und zu erlaubt.

GRANATAPFEL

Granatapfelkerne löst du am besten so aus der Schale: Granatapfel mit einem Löffelrücken kurz anklopfen, um die Kerne zu lockern. Granatapfel halbieren und in eine Schüssel mit kaltem Wasser legen (das Wasser erleichtert das Lösen der Kerne). Granatapfel unter Wasser in Segmente brechen und die Kerne vorsichtig mit den Händen aus der Schale lösen. Anschließend noch vorhandene weiße Hautstückchen entfernen. *Extra-Tipp: Bei der Zubereitung von Granatäpfeln keine weiße Kleidung tragen – sie ist sie hinterher meist rot gepunktet.*

KNOBLAUCH

Knoblauch nicht pressen, sondern schneiden. Durch den Pressvorgang brechen die Zellwände, was den Knoblauch bitter werden lässt. Die Zehen daher nach dem Schälen zuerst in feine Scheiben, anschließend in Streifen, dann in Würfel schneiden. Wenn du den Knoblauch nicht mitessen möchtest, kannst du die ganze Zehe auch mit der Hand oder der flachen Seite eines Messers andrücken, in den Topf geben und nach dem Garen wieder herausnehmen. Das Gericht erhält so ein dezentes Aroma ohne den scharfen Knoblauchgeschmack.

RESTE

Die Reste von heute sind deine Geheimzutaten von morgen. Die Stängel von Kräutern ergeben mit etwas Öl und deinen Lieblingsnüssen püriert ein prima Pesto für Pasta, Baguette und Dressings. Mit einer übriggebliebenen Zitronenhälfte wird aus Wasser eine natürlich aromatisiere Erfrischung.

SALAT

Salat muss trocken sein, damit er das Dressing aufnehmen kann. Ich empfehle daher vorgewaschenen Salat – dieser wurde bereits geschleudert und ist relativ trocken.

VORRÄTE

Räume deine Einkäufe sofort weg und lege Produkte, die kalt gelagert werden müssen, in den Kühlschrank oder die Tiefkühltruhe. Vorräte an Mehl, Zucker und Nüssen fülle ich bevorzugt in (Einmach-)Gläser. So bleiben sie länger frisch und lassen sich gleich zuordnen. Statt neue Gläser zu kaufen, kannst du auch leere von Marmelade, Gurken oder Apfelmus verwenden.

WASSERKOCHER

Wenn kochendes Wasser benötigt wird, verwende heißes Wasser aus dem Hahn und erhitze es im Wasserkocher. So sparst du Zeit und Energie.

ZITRUSFRÜCHTE

Vor dem Auspressen Zitrusfrüchte mit etwas Druck auf der Arbeitsfläche rollen. Dadurch lösen sich die Zellwände von der Schale und du erhältst bis zu doppelt so viel Saftausbeute. Wenn die Schale verwendet wird, Zitrusfrüchte unbedingt heiß abwaschen und trocken tupfen, sodass etwaige Chemikalien entfernt werden.

ZWIEBEL

Um Zwiebeln oder Schalotten im Faultier-Stil zu würfeln, diese nach dem Schälen längs halbieren und flach auf ein Brett legen. Nun jede Hälfte längs bis zur Wurzel in Streifen schneiden, sodass sie noch zusammengehalten wird. Anschließend die Zwiebelhälften horizontal bis zur Wurzel einschneiden. Zum Schluss quer senkrecht herunterschneiden – durch die vorherige Schnittführung entstehen kleine Würfel. Für Zwiebelringe einfach die halbierte Zwiebel auf ein Brett legen und quer in Scheiben schneiden – so erhältst du feine Halbringe. Frühlingszwiebeln nach dem Putzen nebeneinander auf ein Brett legen und gemeinsam in feine Ringe schneiden.

WENIGER STRESSEN, MEHR CHILLEN.

REZEPT-REGISTER

A

Apfel-Zimt-Porridge S.28
Avocado-Cracker S.54
Avocado-Ziegenkäse-Bowl S.48

B

Beschwipste Miesmuscheln S.85
Better Lemon S.143
Bitter & Sweet S.126
Breakfast All-Inclusive S.30

C

Cookie Dough S.120
Couch-Potato-Räucherlachs S.91
Curry in a Hurry S.106

D

Der Reigen der Lämmer S.102
Die schnellste Bolognese aller Zeiten S.105

E

Egg-cellent Morning S.27

F

Faultier-Flammkuchen S.111
Faultiers Liebling S.146
Fenchel-Carpaccio mit Parmesan und Oliven S.46
Filling Me Softly S.24
Forest's Finest S.96
Frische Salbei-Ravioli S.40

G

Garnelen-Gemüse-Tagliatelle S.76
Garnelen mit jungem Gemüse S.80
Garnelen-Zucchini-Pfanne S.88
Granatapfel-Kombucha-Mimosa S.140
Greenhorn Salad S.52
Green Power Smoothie S.132

H

Healthy Bread Omelette S.18
Himbeer-Floater S.144

I

Ingwer-Crevetten-Wok S.70

J

Juicy Chicken S.100

K

Keep-Calm-Crêpes S.116

L

Lachsforelle mit Avocadosalsa S.86
Lachs mit Avocado und Miso-Dressing S.82
Lammsteaks mit Bohnen-Stew S.99

M

3-Minute Frozen Yogurt S.122
Mandarinenquark S.125
Matjes mit Apfel und Schalotte S.73
„Mein lieber Scholli!" S.79

N

1001-Nacht-Grießbrei S.128

O

Orient-Express S.58

P

Pancakes to Impress S.36
Peachy Burrata S.45
Pochiertes Ei mit Avocado und Tomate S.21
Pochiertes Ei à la Popeye S.34
Powerful Yogurt Breakfast S.16
Prawn to Be Wild S.68
Prinz auf der Erbse S.60

R

Red Velvet Smoothie S.138
Re-lachsen im Grünen S.74

S

Schaumige Zitronengras-Kokos-Suppe S.57
Sloth Sling S.134
Smooth Start bowl S.22
Speedy Spaghettini S.42
Spicy Hot Chocolate S.137
Steak Me Out! S.94
Steak & Chips S.108
Superfruit-Bowl mit Granola S.33

T

Tabouleh Rasa S.63
Tropical Fruitboom S.119

W

Wild at Heart S.64
Würzige Ananas mit Koriander S.114

DANK-SAGUNG

Jedes Buch, das jemals das Licht der Öffentlichkeit erblickt, erfordert ein erhebliches Maß an Engagement und Kreativität. An dieser Arbeit ist ein ganzes Team beteiligt, das sich voller Hingabe und Leidenschaft dem Buch gewidmet hat. Ich danke allen Faultieren, hier nachfolgend, die aus ihrem Schlaf erwacht sind, um dieses wunderbare Werk zu vollbringen. Vor allem aber danke ich Stefanie Neuhart und Nikolaus Brandstätter. Ohne deren unschätzbare Arbeit und Hingabe hätte dieses Buch niemals erscheinen können. Und nicht zuletzt ein riesiges Dankeschön an euch alle da draußen, die mich unterstützen und meine Philosophie des Kochens teilen. Sei es erst seit kurzem oder schon über mehrere Jahre hinweg, ich danke euch von Herzen. Ich hoffe, euch mit diesem Buch genauso viel zurückgeben zu können, hoffe ihr habt Freude daran und natürlich, dass ihr noch lange Teil meines Weges seid. Voller Herzblut, Leidenschaft und persönlicher Handschrift habe ich diese 60 Rezepte, insbesondere für Faultiere wie dich und mich, kreiert.

Danke, dass du Teil der Faultier-Bewegung bist!

#kochenfuerfaultiere

DAS TEAM

TEXTE & REZEPTE
JAN-PHILIPP CLEUSTERS

Jan-Philipp Cleusters gilt mit 25 Jahren als jüngster Star- und TV-Koch aller Zeiten. Seine Lehre absolvierte er im 5-Sterne-Luxusresort *Söl'ring Hof* bei Johannes King auf Sylt und im Sterne-Restaurant *Le Canard nouveau* in Hamburg. Er begeistert nicht nur durch seine Kochkünste, sondern auch durch seine charismatische Ausstrahlung und Entertainer-Qualitäten und ist als kulinarischer Talentscout international gefragt. Viele seiner Kochtipps und Rezepte veröffentlicht er auch auf Instagram und in Magazinen. Zudem ist er Schirmherr der bundesweiten Initiative *Die gesunde Frühstücksbox* und setzt sich für ein reichhaltiges Frühstück in Grundschulen ein. *www.jpc.com.de*

FOTOGRAFIE & FOODSTYLING
MELINA KUTELAS

Melina Kutelas startete ihre Karriere als Fashion-Stylistin in London, bis es sie 2014 wieder in ihre Heimatstadt Wien zog. Im Jahr 2015 gründete sie den Foodblog *aboutthatfood.com* und begann wenig später, als Food-Fotografin und -Stylistin zu arbeiten. Bei den Austria Food Blog Awards 2017 wurde sie in drei Kategorien nominiert und durfte mit dem Preis für das beste Food Styling nach Hause gehen.

LEKTORAT
KATHARINA WIND

Geboren am Niederrhein, führte sie ihr Weg über das Studium der Germanistik und Anglistik in Deutschland und England nach Wien, wo sie viele Jahre in einer Buchhandlung gearbeitet hat und täglich von Kochbüchern umgeben war. An ihrem Beruf liebt sie besonders, Rezepte im Kopf nach-zukochen und Wörter duften zu lassen.

DESIGN & LAYOUT
CAROLINE PLANK-BACHSELTEN

Geboren in der Steiermark, studierte Grafik Design in St. Pölten an der NDU. Heute ist Caroline frei-schaffende Art Direktorin und Gründerin von Buero Blank – einem Studio für visuelle Kommunikation in Wien.

ILLUSTRATION
ARON CSERVENY

Aron Cserveny hat Ende der 1990er-Jahre in Großbritannien Technical Graphics mit dem Schwerpunkt Grafik und Illustration studiert. Nach über zehn Jahren in der Werbebranche ist er sei-ner eigentlichen Berufung gefolgt, um als Illustra-tor die Welt um sich herum ein Stück schöner und interessanter zu machen. Aron lebt und arbeitet in seinem Atelier mitten im Wienerwald und hegt insgeheim die Hoffnung, dass Faultiere auch dort eines Tages heimisch werden.

IMPRESSUM

Bibliografische Information der Deutschen Nationalbibliothek
Die Deutsche Nationalbibliothek verzeichnet diese Publikation in der
Deutschen Nationalbibliografie; detaillierte bibliografische Daten sind
im Internet über http://dnb.d-nb.de abrufbar.

1. AUFLAGE

REZEPTE Jan-Philipp Cleusters
FOTOGRAFIE Melina Kutelas, www.aboutthatfood.com
GRAFISCHE GESTALTUNG Caroline Plank-Bachselten, Buero Blank
ILLUSTRATIONEN Aron Cserveny & Buero Blank
LEKTORAT Katharina Wind
FOTO-UND STYLINGASSISTENZ Stella Gebauer
PROJEKTLEITUNG BRANDSTÄTTER VERLAG Stefanie Neuhart

BILDNACHWEIS S.4 © Affonso Gavinha Photographer

ISBN 978-3-7106-0180-4

Christian Brandstätter Verlag
GmbH & Co KG
A-1080 Wien, Wickenburggasse 26
Telefon (+43-1) 512 15 43-0
Telefax (+43-1) 512 15 43-231
E-Mail: info@brandstaetterverlag.com
www.brandstaetterverlag.com

Designed in Austria, printed in the EU

www.brandstaetterverlag.com

KOCHEN FÜR FAULTIERE